23
Abnormal Psychology

강박성
성격장애

민병배 · 이한주 지음

_ 순응 뒤에 감추어진 분노

학지사

'이상심리학 시리즈'를 내며

21세기를 살아가는 우리는 급격한 변화와 치열한 경쟁으로 이루어진 현대사회에 적응해야 하는 커다란 심리적 부담을 안고 있다. 이러한 현실 속에서 현대인은 여러 가지 심리적 문제와 장애에 직면하게 될 가능성이 높다.

정신건강에 대한 사회적 관심이 증대되면서, 이상심리나 정신장애에 대해서 좀 더 정확하고 체계적인 지식을 접하고자 하는 사람들이 늘어나고 있다. 그러나 막상 전문서적을 접하게 되면, 난해한 용어와 복잡한 체계로 인해 쉽게 이해하기 어려운 것이 현실이다.

이번에 기획한 '이상심리학 시리즈'는 그동안 소수의 전문가에 의해 독점되다시피 한 이상심리학에 대한 지식을 일반 독자들에게 소개하기 위한 것이다. 이를 위해서 다양한 정신장애에 대한 최신의 연구 내용을 가능한 한 쉽게 풀어서 소개하려고 노력하였다.

'이상심리학 시리즈'는 서울대학교 심리학과 임상·상담 심리학 교실의 구성원이 주축이 되어 지난 2년간 기울인 노력의 결실이다. 그동안 까다로운 편집 지침에 따라 집필에 전념해준 집필자 모두에게 감사드린다. 아울러 어려운 출판 여건에도 불구하고 출간을 지원해주신 학지사 김진환 사장님과 한 권 한 권마다 좋은 책이 될 수 있도록 성심성의껏 편집을 해주신 편집부 여러분에게 고마움을 표한다.

인간의 마음은 오묘하여 때로는 "아는 게 병"이 될 수 있다. 그러나 이러한 우려보다는 "아는 게 힘"이 되어 보다 성숙하고 자유로운 삶을 이루어나갈 수 있는 독자 여러분의 지혜로움을 믿으면서, '이상심리학 시리즈'를 세상에 내놓는다.

2000년 4월
서울대학교 심리학과 교수
원호택, 권석만

2판 머리말

사회에 자신을 맞추려다가 자연을 잃어버리고 사는 사람들, 도덕적이고 양심적인 초자아의 엄격함 속에 태곳적 생명력이 살아 숨 쉬는 원초아가 파묻혀 버린 사람들, 자신과 세상을 끝 없이 통제하려는 이상을 추구하다가 인간의 한계를 망각한 사람들, 완벽이라는 허상 때문에 연약한 인간의 허물을 사랑할 수 없는 사람들, 더 높은 것을 성취하기 위해 안식과 유희를 잊고 사는 사람들, 법과 원칙을 지키려다가 그 속에서 자유의 숨결이 멎어감을 모르고 사는 사람들… 이 책은 이처럼 강박성 성격장애를 지닌 사람이 보이는 심리의 양면을 기술하고 있다.

물론 사회, 정의, 도덕, 양심, 초자아, 완벽, 성취, 법, 원칙, 이성 등은 어느 것 하나도 버릴 수 없는 고귀한 가치임에 틀림 없다. 그러나 이 책을 통해 이들이 여태껏 보지 못한 또 다른 가치인 자연, 원초아, 안식, 유희, 생명, 감정, 허물 많은 인간에 대한 수용 및 사랑 또한 어느 것 하나 소홀히 여길 수 없는 가치임을 말하고 싶다.

　자신과 세상을 철저히 통제하려는 자세도 필요하지만, 자신의 힘으로는 어찌할 수 없는 상황에 놓였을 때 흐름에 자신을 맡겨버릴 수 있는 자세도 필요하다. 즉, 사회와 자연, 초자아와 원초아, 정의와 사랑, 이성과 감정, 창조와 안식, 도덕과 수용의 가치가 서로 얽혀 갈등할 수밖에 없는 인간의 삶 속에서 어느 한쪽으로 도피하여 안주하기보다는 쉽게 어울릴 수 없는 양자의 가치를 조화시키려고 노력하는 것이 참다운 성숙이라고 할 수 있다.

　정신장애에 대한 진단분류 체계가 『정신장애의 진단 및 통계 편람-제4판DSM-IV』(APA, 1994)에서 『정신장애의 진단 및 통계 편람-제5판DSM-5』(APA, 2013)으로 개정됨에 따라 이 책도 초판(2000)에 이어 개정판을 내게 되었다. 이 책이 강박성 성격장애를 이해하고, 그로 인해 고통받는 사람들에게 도움을 주는 데에 미약하나마 일조할 수 있기를 바란다.

2016년

민병배, 이한주

차례

1 강박성 성격장애란 무엇인가 — 11

2 강박성 성격장애는 왜 생기는가 ─ 91

3 강박성 성격장애를 어떻게 치료할 것인가 — 111

강박성 성격장애란
무엇인가

1. 성격과 성격장애

1) 성격이란 무엇인가

성격은 시간이 흐르고 상황이 변화함에도 비교적 일관되게 지속되는 사람의 태도나 행동의 특징적인 양식을 일컫는 말이다. 그러나 어떠한 상황에서 나타나는 말이나 행동이 그 사람의 성격으로 인한 것인지, 아니면 환경의 영향과 압력에서 비롯된 것인지를 구분하는 것은 말처럼 쉬운 일은 아니다.

아무리 침착한 성격을 지닌 사람이라도 심한 스트레스나 긴장 상황에 놓이게 되면 일시적으로 평소 성격과는 달리 허둥대고 안절부절못하는 혼란스러운 모습을 보일 수 있다. 또 평소에는 말과 행동이 거칠고 성격이 난폭하기 짝이 없는 남자가 어느 날 여자 친구가 생긴 이후로는 여자 친구를 만나는 시간만큼은 누구나 반할 정도로 온순하고 신사적인 사람으로 변할 수도 있다.

그러나 이처럼 각 사람이 처해 있는 상황의 영향에도 불구하고 일관적으로 나타나는 생각, 정서 및 행동의 패턴을 성격이라고 정의할 수 있다. 성격이라는 개념은 각자가 자신의 삶속에 겪어가는 상황의 변화 속에서도 일관적으로 유지하고 드러내는 고유한 개인적 특성이 있다는 것을 암묵적으로 가정하고 있다.

2) 성격장애란 무엇인가

성격장애란 부적응적인 생각, 정서 및 행동의 패턴이 개인의 삶에 만연하여 본인과 주변 사람들에게 실질적인 고통과 장애를 초래하는 상태라고 할 수 있다. 다양한 상황의 요구와 압박을 잘 견디어내고 대처하기 위해서는 유연하고 융통성 있는 성격이 요구된다. 개인의 생각과 행동의 패턴이 역기능적인 양상을 띠고 경직되면 삶의 중요한 영역들에서 필연적으로 부적응적인 결과가 초래된다. 일반적으로 성격장애가 있는 사람은 스트레스나 상황의 변화에 대해 부적응적인 반응을 보인다. 또한 자신의 가정과 직장을 포함한 다양한 대인관계 상황에서 심각한 문제를 야기하는 것이 보통이다. 이들은 주변 사람들을 당황스럽거나 불쾌하게 만들고, 때때로 '격노'하게 만드는 경우가 많다.

미국정신의학회의 『정신장애의 진단 및 통계 편람-제5판 DSM-5』(2013)에 의하면 성격장애는 개인이 속해 있는 사회문화적인 기준으로부터 일탈된 생각, 감정, 행동 및 대인관계의 부적응적인 패턴이 삶의 전반적인 상황에서 지속적으로 나타나는 것이다. 이로 인해 사회적 · 직업적 기능의 손상을 비롯하여 임상적으로 심각한 장애와 고통을 겪게 된다. 이와 같은 성격장애의 문제는 보통 청소년기나 성인기 초기에 시작되며, 오랜 시간에 걸쳐 상황의 변화 속에서도 일관적으로 나타난다.

성격장애를 지닌 사람이 타인들에게 유발하는 이러한 반응은 자신의 문제를 더욱 악화시키는 역할을 하기도 한다. 예를 들어, 다른 사람들을 쉽게 의심하며 만성적으로 적대감을 가진 성격 유형으로서 편집성 성격이란 말을 많이 들어보았을 것이다. 이들이 지니고 있는 의심과 냉담함, 경계적인 태도를 접하게 되면 주변 사람들 역시 이들에게 분노를 느끼고 비우호적인 태도를 보이게 된다. 이로 인해 편집적인 성격을 지닌 사람은 주변 사람들에 대해 갖고 있는 불신감을 더욱 증폭시키며, 경계심과 의심을 강화할 것이다.

성격장애는 대부분 아동기와 청소년기를 거쳐 조금씩 형성되어 만성적인 양상을 띠고 개인의 일생을 통해 지속되는 것이 보통이며, 치료가 쉽지 않다. 또한 성격장애를 지닌 사람은 대개의 경우 치료를 받고자 하는 마음의 동기가 없다. 그것이 그들에게는 익숙한 삶의 방식으로 굳어져 있기 때문이다. 한 사람의 성격이 변화된다는 것이 그리 쉬운 일이겠는가? 이 세상에서 가장 변화시키기 어려운 것이 인간의 마음이라고 하는데, 이때 마음이란 성격을 지칭하는 말이라고 보아도 무방할 것이다. ◆

2. 강박성 성격장애의 진단

우선 사례를 통해 강박성 성격장애자가 어떠한 특성을 지니고 있는지 그 밑그림을 같이 그려보도록 하자. 다음의 사례가 혹시 바로 여러분이나 주변의 가까운 사람들의 이야기는 아닐까?

대학교수 이 씨

40세 초반의 대학교수인 이 씨는 아내의 강요에 못 이겨 마지 못해 상담실을 찾게 되었다. 아내 박 씨는 이 씨와의 결혼생활에 진력이 나버린 상태였으며, 이 씨의 성격을 더 이상 참아낼 수 없는 한계에 달했다고 토로하였다. 이 씨는 좀처럼 자기 감정을 표현하지 않아 속마음을 알기 어려운데다, 얼굴은 늘 퉁명스럽고 화난 듯한 심각한 표정이거나 무뚝뚝하여 화기애애한 대화가 불가능하였다. 식구들과 거의 대화가 없었고, 대화를 할 경우에도 무표정한 얼굴로 아주 짧게 묻는 말에만 간신히 대답하거나 고개만 끄덕이는 정도 였다.

집에서는 아주 위협적이며 권위적인 가장이고 좀처럼 용서를 모르는 사람이어서, 박 씨나 아이들이 혹 사소한 실수라도 저지르면 불호령이 떨어지기 일쑤였다. 집안이 조금만 어지럽혀져 있거나 정리정돈이 안 되어 있으면, 핏대를 올리며 화를 냈다. 모든 물건이 제자리에 잘 정돈되어 있어야만 했다. 자녀들도 성장해가며 점점 아버지를 피하기 시작했다. 성적표를 받아와도 A를 받은 과목들에 대해서는 일언반구 없이 B를 맞은 한두 과목에 대해서 집요하게 추궁하며 꾸중했다. 아이들이 전혀 계획이나 체계 없이 시간을 낭비하며 정리정돈도 못하고 방만하게 하루하루를 살아간다고 잔소리를 멈추지 않았다. 박 씨가 장을 보고 오면 쓸 데 없이 돈을 낭비했다고 두 눈을 부릅뜨고 잔소리를 하기 일쑤였다. 화장실 안이 지저분하거나 바닥에 머리카락이라도 떨어져 있으면 그냥 지나치질 못했다. 그러니 박 씨와 아이들 모두 늘 이 씨의 눈치를 보며 극심한 스트레스 속에 살아야 했다. 간혹 박 씨도 참다못해 분을 터뜨리며 언쟁을 벌이지만, 도저히 이 씨를 당해낼 재간이 없었다. 자신은 언제나 옳고 언제나 정확하고 언제나 완벽한 사람이라는 태도로,

박 씨의 이야기를 전혀 들어주려 하지 않았기 때문이다. 박 씨가 보기에 이 씨는 집에서는 쉽게 화를 터뜨리고 고압적인 독재자처럼 행동하지만, 밖에서는 아주 점잖고 예의 바른 사람인 것처럼 행세했다. 박 씨의 눈에 이 씨는 남에게만 잘 하려는 사람 같아서, 집에서와는 전혀 다른 그의 모습이 위선적으로 느껴졌다.

이 씨가 출근하지 않는 주말은 박 씨에게 감옥과 같은 시간이었다. 사사건건 잔소리하고 비판하는 이 씨와 같이 있으려니 숨이 막힐 것 같았다. 이 씨는 주말에도 절대 외출하지 않았다. 집에 있는 것이 좋아서라기보다, 일을 손에서 내려놓을 수 없기 때문이었다. 대학 교수로 여러 가지 중요한 과제들을 처리해야 했겠지만, 그는 전혀 여유나 쉼을 모르는 사람처럼 일했다. 퇴근 후에도 서재로 직행했고, 일 년 365일을 일에 몰두했다. 박 씨는 매일 컴퓨터 앞에 앉아 일에만 몰두하는 이 씨의 모습이 못마땅했지만, 그나마 그때가 이 씨의 잔소리로부터 벗어나는 시간이었기 때문에 차라리 일에 몰두한 채로 그냥 두는 것이 낫다고 생각했다.

이 씨가 그토록 일에 몰두해야 했던 또 다른 이유는 모든 일을 혼자 직접 처리하려 했기 때문이다. 연구 조교도 있고, 동료 교수들도 있지만, 모든 일을 혼자서 처리하려고 했다.

맡겨보았자 그들이 하는 일이 성에 차지 않고, 해온 일이 완벽하게 되었는지 다시 처음부터 검토하려면 오히려 시간이 더 많이 들어서 분통터져한 일이 한두 번이 아니었다. 그래서 이제는 웬만하면 누구에게도 일을 맡기지 않으려고 했다. 또한 어떤 일이든지 일단 시작하면 완벽하게 처리해야만 했다. 연구 논문을 작성해도 모든 세부 사항을 직접 하나하나 확인해야 했기 때문에 매우 오랜 시간이 걸렸다. 마감 기일을 넘기게 되어 몇 주 동안 고생하던 일을 그냥 접어두어야 하는 경우도 있었다. 진급 심사를 위해 연구 실적을 쌓아가야 하지만, 이러한 완벽주의적 태도 때문에 다른 동료 교수들에 비하여 성과가 많이 뒤처졌다. 항상 일에 몰두해 있지만 즐거워서 하는 것이 아니고 늘 쫓기듯이 하며 늘 신경이 곤두서 있어서, 책상 앞에 앉아 일할 때는 근처에도 다가가기가 어려웠다. 보다 대규모의 효율적 연구를 위해서 연구자들 간의 협업이 필수적인 분야에 몸담고 있지만, 다른 교수들은 이 씨와의 공동연구를 꺼려했다. 이 씨가 겉으로는 잘 표현하지 않지만 자신의 방식대로 일이 진행되지 않으면 짜증스러워하는 모습을 겪어왔기 때문이다. 기계처럼 일하지만 늘 혼자였고, 성과는 저조했다. 다가오는 교수 평가에 대한 부담 때문에 잠을 잘 못 이룰 정도였다.

가족 휴가 여행은 아내와 신혼 초기에 한 번 다녀온 이후

사라진 지 오래였다. 이 씨가 하는 일이라곤 집과 직장을 시
계추처럼 왔다 갔다 하는 것뿐이었다. 직장 동료 외에는 다
른 친구들도 없었다. 오직 일에만 몰두하며 늘 바쁘다는 말
을 입에 달고 살았고, 때로 박 씨가 힘든 집안일을 거들어
달라고 부탁이라도 하면 시간을 낭비하게 한다며 몹시 인색
하게 굴었다. 이 씨는 가보지 않은 새로운 곳에 가는 것을
꺼려했다. 이것이 여행을 가지 않는 중요한 이유이기도 했
다. 늘 반복적인 일상 속에 머물러 있는 것을 선호했다. 간
혹 식구끼리 외식이라도 할 때면, 언제나 가는 음식점에만
가려 했다. 새로운 장소에 가야 하거나 모르는 사람들과 만
나야 할 때는 무척 어색해하며 긴장하였다. 익숙한 것이 좋
았고, 낯선 것은 불안했다.

　박 씨가 처음 상담에 대한 이야기를 꺼냈을 때, 이 씨는
펄쩍 뛰었다. '나같이 정신이 올바른 사람이 무슨 상담
은….' 그는 상담의 필요성 자체에 전혀 동의하지 않았고,
상담에 들어가는 비용과 시간이 터무니없다고 하였으며, 낯
선 사람을 만나 시시콜콜한 집안 이야기를 한다는 것에 강
한 거부감을 느꼈다. 이 씨는 전혀 수그러들지 않았지만, 박
씨가 더 이상 같이 못 살겠다고 엄포를 놓는 바람에 마지못
해 상담실을 방문하게 되었다.

이 씨의 사례를 통해서 강박성 성격장애가 어떠한 심리적 문제인지 이미 감을 잡은 독자들도 있으리라 생각한다. 이 장의 목적은 강박성 성격장애의 특징을 자세히 살펴보는 것이다. 그렇다면 강박성 성격장애를 진단하는 기준은 무엇인가? 우리 주변에도 아주 꼼꼼하고, 매사에 철저하며, 완벽주의적이고, 정리정돈을 잘 하고, 일에 몰두하는 사람들이 적잖게 있다. 그런 사람들의 성격을 모두 강박성 성격장애라고 부를 수 없음은 당연하다. 이러한 성격특성들이 매우 극단적이고 경직된 방식으로 삶의 전반에 나타나 부적응을 초래할 때에야 성격장애라고 부를 수 있을 것이다. DSM-5(2013)에서 제시한 강박성 성격장애의 진단기준을 살펴보자.

 강박성 성격장애의 진단기준 (DSM-5; APA, 2013)

다음의 기준 중에서 4개 이상의 항목을 충족시킬 때 강박성 성격장애로 진단한다.

1. 사소한 세부 사항, 규칙, 순서, 시간 계획이나 형식 등에 집착한다. 결과적으로 일의 큰 흐름을 놓치고 전체적으로 볼 수 있는 안목을 잃게 된다.
2. 지나친 완벽주의로 인해서 오히려 일을 완수하는 것이 힘들어진다. 자신의 지나치게 높고 엄격한 기준에 집착하느라 일을 마칠 수 없게 된다.

3. 여가 활동이나 주위 사람들과 친분을 나눌 만한 시간을 갖지 않고 지나치게 일에 몰두한다. 경제적인 어려움으로 인해 일에 매달리는 것과는 확연히 다르다.

4. 도덕, 윤리 또는 가치문제에 있어서 지나치게 양심적이고, 고지식하며, 융통성이 없다. 이것은 개인이 속해 있는 사회나 집단의 문화 혹은 종교적 배경에 의해서는 설명하기 힘든 것이어야 한다.

5. 감정적으로 전혀 가치가 없음에도 닳아빠지고 무가치한 물건을 좀처럼 버리지 못한다.

6. 타인이 자신의 방식을 그대로 따르지 않을 경우에 타인에게 일을 맡기거나 같이 일하는 것을 꺼린다.

7. 자신과 타인 모두에게 돈을 쓰는 면에서 매우 인색하다. 앞으로 일어날지도 모르는 재난에 대비해서 저축을 해야 한다고 생각한다.

8. 경직성과 완고함을 보인다.

강박성 성격장애가 있는 사람은 정리와 정돈에 몰두하고, 과도하게 완벽주의적이며, 세세한 규칙과 계획에 집착하고, 지나치게 양심적이고 도덕적이다. 또한 다른 사람들을 믿지 못해 일을 쉽게 맡기지 못하고, 지나치게 인색하며, 물건을 아끼거나 버리기 어려워하기도 하고, 전반적으로 매우 경직되고 고집스러운 행동 패턴을 보인다. 이러한 특징은 적응적인 삶을 위해 필수적인 융통성, 개방성, 효율성 등을 상실하게 만

든다. 보통 성인기 초기에 강박적 성격장애가 시작되며, 개인
의 삶의 영역 전반에서 이러한 부적응적인 특징이 나타난다.

이 책은 크게 3개 장으로 구성되어 있다. 1장과 2장에서는
강박성 성격장애를 지닌 사람이 드러내는 생각, 행동, 감정,
대인관계 및 자기개념의 임상적 특징에 대해서 살펴볼 것이
다. 또한 이러한 강박성 성격의 기저에 놓인 성격 역동, 갈등
및 인지적 특징을 조명해볼 것이다. 따라서 1장과 2장의 내용
은 강박성 성격장애와 그와 관련된 성격 구조의 임상적 특징
과 기저의 역동에 대해 심층적으로 논의해온 여러 중요한 고
전적인 문헌들에 바탕하고 있음을 미리 명시한다(민병배, 유성
진 역, 2008; Beck, Freeman, & Davis, 2004; MacKinnon &
Michels, 1971; Millon & Davis, 1996; Millon & Everly, 1985;
Oldham & Morris, 1995; Shapiro, 1965). 3장에서는 이와 같은
강박성 성격장애를 치료장면에서 어떻게 이해하고 다룰 것인
가에 초점을 맞추고 있다. 더불어 강박성 성격특징을 가진 사
람이 자기 자신을 위해 적용할 수 있는 여러 가지 유용한 치료
적 제안도 담고 있다.

이 책을 통해 여러 독자가 강박성 성격장애의 특징적인 면
모를 잘 이해하고 보다 적응적이고 성숙한 성격 기능을 위해
자기 자신을 되돌아보는 계기가 될 수 있기를 기대한다. 성
격장애라고 불릴 만한 강박성 성격을 지니고 있지는 않더라

도, 이 책에서 다루는 많은 문제는 우리 모두가 곰곰이 생각
해보고 자기 자신을 비춰볼 만한 의미 있는 소재들이기 때문
이다. ◈

3. 강박성 성격장애의 임상적 특징

앞에서 강박성 성격장애를 진단하기 위한 미국정신의학회의 기준이 무엇인지 살펴보았다. 이제 강박성 성격장애자가 생각, 감정, 행동, 대인관계 및 자기개념 등 다양한 영역에서 어떤 임상적 특징을 나타내는지 자세히 살펴보도록 하자. 이를 통해 강박성 성격장애가 어떤 유형의 심리적 문제인지 구체적으로 이해할 수 있을 것이다.

1) 세세한 규칙과 질서에 대한 과도한 집착

세세한 규칙, 순서, 질서 및 위계 등에 과도하게 집착하는 것은 강박성 성격장애의 가장 현저한 특징 중의 하나다. 이들은 주변 세계를 이와 같은 규칙, 순서, 질서, 위계의 관점에서 이해하고 대응하고 싶어 한다. 이처럼 세부 사항에 과도하게 집착하는 것은, 그와 같은 외적 기준에서 이탈하는 실수를 미연에 방지하기 위해 기울이는 갖은 노력을 반영하는 것이다. 이로 인해 강박성 성격장애자는 일을 처리할 때도 지나치게 꼼꼼하고, 세심하며, 반복해서 확인하고, 모든 가능한 실수를 예방하려 하며, 늘 최악의 상황에 대비하고 싶어 한다. 그렇기 때문에 이들은 규칙, 질서 및 관습적인 절차에서 벗어나는 돌발적 사건이나 예기치 못한 상황 전개를 무척 불편하게 여긴다. 일상의 틀과 관념을 벗어나는 창조적이고 혁신적이며 참신한 것보다는, 언제나 전통적이고 원칙적이며 일관적이고 예측 가능한 것을 선호한다.

세세한 규칙과 질서에 대한 병적인 집착은 심각한 부작용을 낳는다. 첫째, 주변적이고 세세한 형식과 규칙에 과도하게 집착하는 사람은 보통 상황의 본질을 간과하게 된다. 예를 들어, 과제를 완성하기 위해 가장 핵심적인 부분에는 최후의 순간까지 전혀 손도 대지 못한 채, 과제를 어떻게 시작할 것인지 계속 리스트만 작성하고 점검하다가 시간을 다 보내는 것과 같은 경우다. 내일 있을 시험을 위해 가장 어렵고 중요한 부분을 복습하고 연습해야 하는데, 계속 계획만 세우다가 시간을 다 보내는 것과 같다. 문제의 본질과 핵심을 효율적으로 다루기 위해서, 주변적인 세부 사항과 표면의 형식적인 문제들은 과감하게 접어야 할 때가 있다. 하지만 이들에게는 세부 사항을 간과하는 것이 결정적인 실수와 재난의 시작처럼 여겨지곤 한다. 둘째, 주의의 초점이 문제의 핵심보다는 언제나 세부 사항과 형식적인 측면에 몰려 있기 때문에 업무 처리의 효율성을 잃고 만다. 간단한 과제를 수행할 때도, 모든 세부 사항에 집중하다 보면 단순 작업도 고도의 노력을 요하는 복잡한 과제가 된다. 당연히 전체적인 일의 경과도 지연되고, 일의 진행 과정이 마치 중노동처럼 버거워진다. 셋째, 세세한 규칙과 질서에 과도하게 집착하기 때문에 상황의 변화에 유연하게 대처할 수 없게 된다. 급변하는 현대사회에서 유연한 상황 판단과 대처 능력은 생존을 위한 필수적인 자질이다. 일관성과 정확성도 중요하지만, 변화와 적응을 향한 가능성이 닫혀 있는 규칙과 원칙은 목표에 도달할 수 없게 만든다.

그렇다면 이들은 왜 이렇게 세세한 규칙과 원칙, 질서와 순서 등에 집착을 보이는 것일까? 이것은 심리적인 안정감 및 통제감과 깊은 관련을 맺고 있다. 강박성 성격장애자는 이와 같은 세세한 규칙과 원칙, 질서와 순서 등으로 이루어진 세상을 살아가고 있기 때문에, 끊임없이 주변을 확인하고, 원칙을 고수하며, 가능한 실수를 최대한 방지해야 심리적인 통제감을 획득할 수 있게 된다. 전체적인 맥락을 바라보며 목표를 향해 전진하는 사람에게는 과정 중에 발생한 세부적인 오류가 주변적이고 지엽적인 문제로 간주되겠지만, 강박적 성격장애자에

게는 이러한 세세한 실수와 잘못이 아주 치명적인 재난의 시
작처럼 느껴진다. 그러므로 규칙과 원칙, 질서와 순서, 계획과
일정은 이들에게 반드시 필요한 삶의 안정감과 통제감을 얻는
통로가 된다. 원칙과 질서는 우리가 언제나 정도를 걸을 수 있
도록 도와주는 안내자이지만, 그에 대한 과도한 집착은 오히
려 전체를 파악하는 방향감을 상실하게 만든다는 점을 기억해
야 한다.

2) 완벽주의적 성향

강박성 성격과 완벽주의적 성향은 거의 유사어처럼 사용된
다. 강박성 성격장애자는 대부분의 경우 완벽주의자다. 자신
이 처리해야 하는 일에서 완벽을 기한다. 자신에게 중요한 일
일수록 더욱 그러하다. 그러나 '완벽주의'는 결과적으로 완벽
과 거리가 멀다. 현실적으로 오히려 일의 미완성이나 포기에
더 가깝다. 도달할 수 없이 지나치게 높은 성취와 완성의 기준
을 세우고 어떠한 세세한 결점도 간과하지 못하기 때문에, 실
제로는 과제를 완성할 수 없게 된다. 에세이를 과제로 제출해
야 하는데 서문의 몇 문장만 '완벽하게' 다듬다가 본문은 시작
도 못한 채 포기하거나, 마감 기일을 놓치거나, 혹은 처음에
계획한 완벽과는 아주 거리가 먼 엉성한 과제물로 흐지부지

끝을 맺고 마는 것이다.

우리에게 시간과 자원이 무한정으로 주어진다면 완벽주의는 좋은 성격 특질일 것 같다. 그러나 현실은 우리에게 신속함과 효율성을 요구한다. 대부분의 중요한 과제는 언제나 시간 싸움을 필요로 한다. 학교에서 중요한 과제를 제출하거나 직장에서 중요한 업무를 처리할 때도, 언제나 반드시 지켜야 하는 마감시한이 있다. 아무리 훌륭한 작업을 해왔어도 일단 결과물을 제출하지 못하면 미완성이다. 우리 현실 속에서는 결점 있는 완성물이 완벽해 보일 뻔한 미완성물보다 훨씬 가치 있는 경우가 많다. 따라서 강박성 성격장애자가 나타내는 완벽주의는 자신의 능력 발휘를 심각하게 저해한다는 점에서 지극히 비효율적이고 병적이다.

강박적 성격장애자는 당위의 압박 속에서 많은 '해야만 하는 일들'로 스스로에게 짐을 지우지만, 실제적인 일의 성취는 이들의 완벽주의적인 경향으로 인해 오히려 더 저조한 경우가 많다. 전체적인 맥락과 목적을 염두에 두고 과제를 완수해야 하지만, 중간중간에 '불완전한' 지엽적 사항들에 발목이 잡히다 보니 좀처럼 일을 진행할 수가 없다. 이러한 완벽주의 근간에는 실패 혹은 평가에 대한 두려움과 수행에 대한 자기 불만과 회의감이 깊게 자리 잡고 있다.

완벽주의와 관련하여 또 한 가지 생각할 점은, '완벽'의 기준이 철저히 주관적이라는 것이다. 대부분의 사람이 보기에는 완벽에 준하는 일도, 강박성 성격장애자가 보기에는 허점투성이다. 이것은 앞 절에서 기술한 지엽적 사항에 대한 과도한 집착에서 비롯되는 부작용이기도 하다. 또한 이것은 강박성 성격장애자의 자기가치감에 근본적인 결핍이 있음을 의미하기도 한다. 이에 대해서는 책의 후반부에서 더 깊이 다룰 것이다.

3) 일중독증

많은 강박성 성격장애자들은 완벽주의자이면서 또한 일중독증자다. 결론부터 말하자면, 이것은 결코 바람직한 조합이 아니다. 완벽주의가 초래하는 업무의 비효율성과 쉴 틈을 주지 않는 일중독이 가져오는 심리적인 고통과 삶의 불행은 겪어본 사람만 알 것이다. 이들이 일에 몰두하는 이유는 경제적인 궁핍함 때문이 아니다. 이들은 마치 일을 하기 위해 태어난 것인 양 그저 일에 몰두한다. 친교나 여가생활은 안중에도 없다. 업무에 모든 힘과 시간을 쏟을 뿐 가족과의 한가로운 대화나 자기 자신을 위한 취미생활 같은 것에는 도무지 관심이 없다. 해결해야 할 일이 있다면 휴가는 계속 뒷전으로 밀려나고 결국에는 쉼 없이 계속 일에 몰두하게 된다. 해야 할 일의 목록이 늘 마음의 우선순위가 되어 있으니, 여가생활은 그저 시간 낭비처럼 느껴질 뿐이다. 특별한 목적 없이 사람을 만나 이런저런 살아가는 이야기를 하며 소요하는 것은, 이들에게 그저 한심하고 비생산적인 일처럼 여겨지곤 한다. 사람들 속에 앉아있기는 하지만 즐길 줄 모르고, 불편한 마음은 여전히 돌아가서 해야 할 일에 이미 가 있다. 이러한 행동 패턴을 보통 일중독증이라고 부른다.

자신에게 주어진 업무에 최선을 다해 충실하게 임하는 것은 아주 바람직한 일이다. 그러나 일과 여가의 균형이 완전히 깨어졌을 때 삶의 모든 것이 일처럼 되어버린다. 실제로 이들은 모처럼 시간을 내어 여가생활을 하게 될 때도 편안하게 즐기기보다는 이를 체계적으로 준비하고 정리하여 '완벽하게' 해내려고 한다. 우선 그 일정이 정확해야 하고, 정해진 시간만큼만 사용해야 한다. 혹시 모를 자투리 시간을 사용하기 위해, 어느 정도의 일거리를 늘 가지고 다니는 것이 기본이다. 결국에는 여가생활이 일종의 과제가 되어버리고 만다. 휴가 여행도 모든 것이 철저한 계획대로 진행되어야 하고, 하나하나 즐기며 지친 심신을 재충전하기보다는 완벽하게 잘 해내야 하는 부담스러운 과제가 되고 만다. 일이 심각한 만큼 여가와 휴식도 심각해진다.

일중독증의 핵심 증상은 일을 많이 한다는 것 그 자체가 아니다. 여가와 쉼을 누릴 수 있는 '능력'이 결여되고, 인생의 즐거움과 의미를 발견하고 향유할 수 있는 삶의 여유를 잃어버린 것이 바로 일중독증이다. 강박적 성격장애자가 보통 업무 지향적이고 일중심적인 모습으로 살아가지만, 실제로 그들이 일하는 모습에서 삶의 긍정적인 힘과 열정을 찾기는 쉽지 않다. 그보다는 마치 다람쥐가 쳇바퀴를 돌리는 것 같다. 쉼 없이 일을 지속하는 나날이 쳇바퀴처럼 빙빙 제자리를 돈다. 더구나 이들의 세심하고 꼼꼼하고 완벽주의적인 성향을 고려할 때, 이들은 일을 슬렁슬렁 가볍게 하는 법이 없다. 중독은 괴로운 것이고 삶을 불행하게 만드는 것이다. 일은 꼭 필요한 것이지만, 강박성 성격장애자에게는 일이 마약과 같다. 해도 해도 끝이 없고, 일거리를 내려놓고 있으면 마음이 불안해지는 '금단현상'까지, 그것은 말 그대로 일중독이다.

4) 도덕주의적 태도

강박성 성격장애자는 과도한 도덕주의적 태도를 보인다. 규칙과 규범에서 어긋나는 행동을 할까 봐 과민하게 반응하며, 지나치게 양심적이고, 도덕적인 문제에 대해서 한 치의 양보도 없는 경직성과 완고함을 나타낸다. 도덕적인 원칙을 무조건적으로 따라야 한다고 믿으며, 자기 자신뿐만 아니라 다른 사람들도 이와 같이 규율을 절대적으로 따라야 한다고 여긴다. 모든 도덕률의 근본정신은 이웃 사랑에 대한 것이다. 서로를 존중하며 같이 더불어 살아가는 사회를 만들기 위한 것이 규칙이고 규범이다. 하지만 도덕이 그 근본정신을 잃고 도덕주의가 될 때, 도덕은 율법주의가 되고 정죄와 비판의 수단이 된다. 강박성 성격장애자는 우선적으로 자기 자신에게 비판적이고 타인에게도 도덕적 기준과 판단을 모질게 적용할 때가 많다. 그래서 강박성 성격장애자는 기본적으로 양심적이고 도덕적인 사람들임에도 온정적이기보다 매우 신랄하고, 비판적이며, 용서할 줄 모르는 엄격한 사람들로 다가오는 경우가 많다. 이와 같은 도덕주의적 태도로 인해 이들은 쉽게 상대방을 부도덕하고 개념 없는 사람으로 몰아붙이며 비난하곤 한다.

자기 자신을 향한 과도한 양심과 도덕주의적 태도는 자신에 대한 뿌리 깊은 부적절감과 죄책감을 일으키고, 끊임없는 의심과 자기비판으로 가득 찬 반추적 사고에 빠져들게 하기도 한다. 남들은 흘려듣고 전혀 기억조차 못하는 말이지만, 자신의 말 한 마디 한 마디가 옳지 못한 것은 아니었는지 반복해서 되새기며 고통스러워하기도 한다. 자신이 과거에 저질렀지만 이제는 다 지나간 실수를 괴롭게 곱씹기도 한다.

강박성 성격장애자가 보이는 이러한 도덕주의적 태도는 규범과 규칙에 대한 과도한 집착과 맥을 같이 한다. 특별히 위계적인 조직사회 속에서는 이와 같은 도덕주의가 상관에 대한 지극히 공손하고 순종적인 태도로 나타나곤 한다. 하지만 강박성 성격장애자의 도덕주의가 비판과 정죄의 마음을 일으키는 것과 마찬가지로, 상관에 대한 과도한 순응과 위계질서에 대한 숭상은 아랫사람들에 대한 권위주의적 태도로 이어질 가능성이 많다는 점을 잊지 말자.

5) 냉담하고 기계적인 인간관계

강박성 성격장애자의 여러 가지 특성들, 예를 들어 앞서 살펴본 과도한 규칙에 대한 집착, 완벽주의, 도덕주의, 일중심적 태도 등은 이들의 인간관계를 경직되게 만든다. DSM-5의 강박성 성격장애 진단기준 중의 하나는 다른 사람들에게 일을 맡기거나 같이 협력하여 일하는 것을 꺼리는 것이다. 이는 단적으로 이들이 다른 사람들과 신뢰롭고 온정적이며 공감적인 관계를 맺고 유지하는 것이 어렵다는 것을 보여준다. 이들이 이처럼 다른 사람들과 더불어 지내기 어려워하는 이유는, 모든 일이 자기만의 방식, 완벽주의적이고 도덕주의적인 방식, 원리원칙적인 방식으로 정확하게 수행되어야 하기 때문이다. 당연히 다른 사람의 일처리는 성에 차지 않고, 별로 신뢰가 가지도 않는다. 마지못해 어떤 일을 타인들과 같이 해야 할 때

는, 자신의 방식만을 고집스럽게 강요하곤 한다. 따라서 이들
은 누군가 도움을 제의해와도 결코 반가워하지 않으며, 할 수
있는 일은 되도록 모두 혼자서 직접 처리하려고 애쓴다. 이러
니 이들이 사람들과 동료애적인 관계를 유지할 리 만무하다.
주변의 인간관계 역시 냉담하고 소원해지기 십상이다.

강박적 성격의 사람은 대인관계에서 일면 정중하고 공손한
사람으로 비친다. 이것은 이들이 규범에 집착하고, 도덕주의
적인 성향을 지녔으며, 조직과 위계를 매우 중요하게 여기기
때문이다. 그러나 이들과 오랫동안 접한 사람들은 좀처럼 정
감 있는 관계가 맺어지지 않는다는 것을 깨닫게 된다. 때로는
이들의 원리원칙주의적이고 도덕주의적인 말과 판단으로 인
해 마음에 상처를 입기도 한다. 그러나 강박성 성격장애자는
친밀감이 무엇을 의미하는지, 그것이 왜 필요한지를 모르는
것 같다. 머리로는 인간관계를 이해하는 것 같으나 감정은 차
갑게 식어 있고, 일 중심적이며, 규칙과 원리가 감정적 판단이
나 반응에 철저하게 우선한다.

이들이 가진 권위주의적인 태도도 온정적인 대인관계의 경
험을 방해하는 요소다. 권위주의는 상대가 누군가에 따라 2가
지 상반된 모습으로 나타날 수 있다. 보다 영향력 있거나 지위
가 높은 사람에게는 매우 공손하고 순종적인 모습과 더불어,
그들의 기대와 기준을 만족시키고 인정받기 위한 부단한 노력

으로 나타난다. 일차적으로 권위주의적인 질서와 규칙은 강박
성 성격자에게 심리적인 안정감을 얻고 자기가치감을 확인하
는 중요한 통로가 된다. 그러나 동시에 권위과 위계질서 속의
삶은 이들에게 그치지 않는 불안의 요소가 된다. 이것은 이들
이 참된 성취와 인정의 기쁨을 추구하고 누리기보다는, 권위
주의적인 질서와 규칙 속에서 기대에 못 미치는 존재가 될 것
에 대한 두려움에 쫓기고 있기 때문이다.

강박성 성격장애자는 타인에게 종종 자신의 원칙주의적이
고 도덕주의적인 기준을 적용하고 강요하기에 인정머리 없고
독단적인 사람처럼 비친다. 특히 손아랫사람들이나 부하 직원
을 대할 때 이러한 모습이 나타나기 쉽다. 자기만이 늘 옳기
때문에, 다른 사람을 쉽게 비판하고 좀처럼 인정하고 칭찬해
줄 줄 모른다. 늘 부족한 부분만을 찾아내고 지적할 뿐이다.
그러니 다른 사람들에게 일을 맡기기가 어렵고 누구를 칭찬하
거나 인정해주는 것도 어렵다. 여러 사람이 협력하여 조화롭
게 공동의 업무를 수행해야 하는 상황에서는, 자신의 의견과
방법만이 늘 옳다고 생각하는 독불장군처럼 보일 수도 있다.
때로 지나치게 고압적이고 명령적이며 독단적이고 권위주의
적인 방식으로 행동하여, 아랫사람들이 누구나 다 슬금슬금
피하는 대상이 되기도 한다. 대부분의 성격장애에서 그러하듯
이 강박성 성격장애 역시 친밀하고 신뢰로운 대인관계를 맺는

것이 큰 어려움이 된다.

6) 억제된 감정 표현

강박성 성격장애의 또 다른 중요한 특징은 심한 정서적 억제다. 감정을 극도로 억제하고, 감정을 표현해야 하는 상황에서 어색해하며, 누군가 감정을 표현해오는 것을 당황스러워한다. 자신의 감정을 억누르고 드러내지 않지만, 타인이 표현하는 감정에 대한 공감적 이해와 수용의 능력 역시 제한되어 있다. 이들은 가능하다면 감정을 배제하고, 사무적인 태도로 상황을 논리와 이성적인 접근으로만 다루려는 주지화된 성향을 나타낸다. 언제나 감정보다는 생각과 논리가 더 중요하다. 이들은 대인관계 상황에서의 자기표현도 원칙적인 가치와 형식을 따라야 한다고 생각하며, 사적인 감정이 있는 그대로 '노출되는' 것은 미숙하거나 부적절하고 부자연스러운 것이라고 생각한다. 이와 같이 강박성 성격장애자는 가슴보다는 머리로, 감정보다는 이성과 논리로 살아가려는 사람들이다. 대부분의 경우 감정적이고 표현적이기보다는, 이성적이고 냉철하며 분석적이고 원리원칙대로 따지기 좋아하는 사람이다.

이들이 보이는 감정의 억압은 내면에 깊이 잠재된 양가감정의 형성에 기여하는 것 같다. 실제로 마음속에는 강렬한 불안과 분노감이 소용돌이치고 있으나, 겉으로는 권위와 규범에 대한 순응과 동조로 포장된 평온을 유지한다. 이러한 맥락에서 로저 맥키논Roger MacKinnon은 강박성 성격의 핵심적인 정서적 특징으로 그들의 내면세계에 뿌리 깊게 잠재된 양가감정에 주목하였다(MacKinnon, 1971). 한편에서는 자율적이고 싶지만, 다른 한편으로는 권위에 순응하고 동조함으로써 인정받고 싶은 욕구가 강하게 잠재되어 있다. 겉으로 권위, 규율 및 원칙에 집착하며 자기통제를 유지하지만, 내면에는 분노감이 이글거리고 있어 언제 터질지 모르는 화산처럼 잠재되어 있는 경우가 많다. 맥키논은 강박성 성격자가 이와 같이 외형적인 순응과 자율에 대한 내적 욕구 사이에서 끊임없는 갈등을 느끼며, 일종의 악순환을 밟는다고 하였다. 마찬가지로 밀론Millon 등도 강박성 성격장애의 핵심적인 특징이 순종과 반항의 욕구가 대치하는 양가적 갈등이라고 하였다(Millon & Davis, 1996). 처벌이 두렵기 때문에 순응하지만, 자율을 억압하고 권위에 순응하는 것은 분노감과 반항심을 일으킨다. 그러나 분노와 반항심은 처벌에 대한 두려움을 일으키고, 그 두려움으로 인해 다시 순응의 길을 택한다. 따라서 맥키논이나 밀론의 의견을 고려할 때, 강박적인 사람이 보이는 정확성, 양심주의, 도덕주의, 질서정연함, 완벽주의, 준법주의 등의 특성을 성숙하고 건설적인 내면의 힘보다는 권위에 대한 두려움에서 파생된 것으로 이해하는 것이 더 적절하다고 할 수 있다. 또 강박성 성격에 잠재된 양가감정을 고려할 때, 도덕주의에 근거하여 나타나는 매우 신랄하고 냉담하고 비판적인 태도는 숨겨진 분노의 표현으로 이해할 수 있다.

특별히 분노감의 억제는 폭발적인 감정 표출로 이어지기 쉽다. 억압된 에너지는 한계치를 넘어설 때 폭발하기 마련이다. 사람의 감정은 인간의 행동을 결정하는 강력한 에너지원이다. 이와 같은 감정폭발은 강박성 성격장애자도 두려워하는 바이며, 그래서 더욱 감정을 억제하려고 하는 것이다. 이들에게 감정은 참 불편하고, 다루기 어려우며, 회피하고 싶은 대상이다. 그렇기 때문에 외부의 규칙, 형식, 규율 및 전통에 집착하는 것은 감정적인 상황을 방지하고 모면할 수 있는 방어적 책략이 된다. 심한 감정 억제와 내면 세계의 회피는 또한 자기 내면의 정서를 진솔하게 자각하고 통찰할 수 없게 만든다. 이러한 의미에서 강박성 성격장애자는 그들의 정서적 특성상, 진정한 자아를 발견하고 자연스럽게 수용하고 마음을 다스리는 과정을 깊게 경험하기 어렵다.

7) 돈과 소유물에 대한 과도한 집착

강박성 성격장애자는 물건을 버리기 어려워한다. 전혀 가치가 없어 보이는 물건이라도 쌓아둔다. 어떤 추억이나 정서적인 가치가 담겨 있지 않은 쓸모없는 물건임에도 버리지 못한다. 예를 들어, 고장 난 가전제품이나, 다시는 들여다보지 않을 낡은 잡지, 낡고 헌 가구, 옷과 장신구 등이 집 안에 수북하게 쌓여가곤 한다. 현재는 별 소용이 없어 보여도 언젠가 꼭 필요할 때가 올 것 같아, 지금 이 물건들을 버린다면 큰 낭패에 빠질 것 같은 두려움이 마음속에 잠재되어 있다. 그래서 반드시 비축해두어야 한다. 식구들이 이들의 허락을 받지 않고 그와 같은 물건을 몰래 버리다 '발각되면' 노발대발하기 십상이다.

이들은 항상 최악의 상황을 미리 염두에 두는 비관주의적 성향을 가지고 있다. 앞날의 불행과 재난을 대비하기 위하여 미리 필요한 물품을 비축해두어야 한다는 부담을 가지고 있다. 이로 인해 이들은 돈에 대해 무척 집착하고 매우 인색한 경향을 보인다. 돈을 쓰기 전에는 분명한 실용적인 가치가 있어야만 하며, 그것이 최선의 물품을 구매하기 위한 완벽한 의사결정인지 스스로에게 계속 자문하며 여러 가지를 따져본다. 따라서 이들은 좀처럼 충동적이거나 무계획적으로 돈을 쓰지 않으며, 검소한 생활 습관을 따른다. 이들이 여가생활을 즐기거나 휴가 여행을 쉽게 떠나지 못하는 이유 중의 하나도, '비생산적이고 무의미한 곳에' 돈을 '낭비하는' 것이 끔찍한 일로 여겨지기 때문이다. 이들은 자기 자신뿐만 아니라 타인에 대해서도 무척 인색한 경향을 보이며, 자신의 실제 경제적 능력에 못 미치는 생활수준을 유지하기도 한다(APA, 2013).

낭비하지 않고 근검절약하여 돈을 잘 모으는 것도 중요하지만, 그에 못지않게 중요한 것은 모은 돈을 필요한 곳에 잘 쓰는 것이다. 소유물이 늘어가는 것도 뿌듯한 일이지만, 필요한 곳에 나눔의 손길을 먼저 내미는 것은 더욱 보람된 일이다. 이런 의미에서 강박성 성격장애는 인생의 다양한 의미와 행복을 발견하고 맛볼 수 없도록 사람들의 마음을 인색하게 만드는 장애물이 될 수 있다.

8) 경직성

마지막으로 살펴볼 강박성 성격장애의 특성은 경직성이다. 경직성은 기존의 정해진 틀을 벗어나지 못하는 것이다. 자기의 방식만을 고수하며 항상 자신이 옳다고 여기기 때문에, 다른 사람들의 말에 좀처럼 귀 기울이지 않는다. 누군가 창의적인 의견을 제시해오는 것도 전혀 반갑지 않다. 자신에게 익숙한 일상의 패턴을 벗어나는 것들은 전혀 달갑지 않다. 이로 인해서 강박성 성격장애자는 반복적이고 지루한 일상을 유지하는 데는 뛰어난 '능력'이 있지만, 창조적인 생각과 문제해결은 매우 어려워한다. 이들이 정해진 일상, 규칙, 질서 등에 과도하게 집착하는 이유도 이러한 인지적 경직성에서 찾을 수 있다. 늘 상황의 정해진 측면에 고착되어 융통성 있게 대안적인 사고를 하지 못하기 때문이다. 고정관념을 벗어나지 못한다는 말이 강박성 성격장애자의 인지적 경직성을 특징적으로 대변해주는 적절한 표현 같다.

이러한 경직성은 대인관계 상황에서 상대방을 질식시키는 완고함으로 나타난다. 자신만이 옳다고 생각하고 그에 대한 모든 '논리적'이고 '이성적'인 근거를 가지고 있기 때문에, 상대방의 관점과 의견이 좀처럼 수용되지 않는다. 그리고 자신이 생각하는 바가 바로 원칙이고 흠잡을 데 없는 정도라고 여긴다. 바늘 하나 비집고 들어갈 틈새가 없어 보인다. 이러한 경직성으로 인해 이들과의 대화에서는 좀처럼 감정의 소통이 이루어지지 않고, 경청하고 있다는 느낌을 갖기 어렵다. 항상 자기가 생각하는 것만이 옳다고 이야기하며 상대방의 생각을 귀담아 들어주지 않기 때문에 무시받았다는 느낌을 주기 쉽다.

상황의 예기치 못한 변화를 긍정적으로 바라보고 변화와 발전의 계기로 삼으려는 도전 정신, 자신의 생각이 틀릴 수도 있다는 열린 마음, 문제 상황에서 대안을 고려하고 상황의 다양한 면모를 고려할 수 있는 인지적 유연성 등이 결핍되어 있기 때문에, 이러한 경직성은 매우 부적응적인 결과를 초래한다. 뒤에서도 다루겠지만, 경직성은 강박성 성격장애의 핵심적인 사고방식의 틀을 이룬다. ◆

4. 강박성 성격장애와 인지적 경직성

앞서 기술한 강박성 성격장애의 임상적 특징에서 나타나듯이, 경직성과 과도한 통제 욕구는 강박성 성격장애를 이해하기 위해 가장 중요한 키워드들이다. 특별히 강박성 성격장애를 가진 사람의 사고방식에 나타나는 경직성과 통제에 대한 과도한 욕구가 어떠한 양상으로 전개되고, 전반적인 생각, 감정과 행동에 어떻게 영향을 끼치는지 살펴보는 것은 강박성 성격의 특징을 이해하는 데 매우 유용하다. 이를 위해 이 절에서는 데이비드 샤피로David Shapiro의 강박성 성격에 대한 이론을 자세하게 살펴보려고 한다. 샤피로는 처음으로 강박성 성격 기저의 인지 양식에 대하여 매우 심층적이고 통찰력 있는 분석을 제공한 이론가다. 그가 저술한 『신경증적 양식Neurotic Style』(1965)은 강박성 성격의 인지 양식을 깊게 이해하는 데 매우 유용한 밑그림을 제공하는 고전적인 문헌이다. 샤피로는 강박성 성격이 3가지 인지적 특성에 기초한다고 하였다. (1) 경직된 사고 양식, (2) 자율성의 왜곡과 상실 그리고 (3) 세상에 대한 현실감과 확신의 상실.

1) 경직된 사고 양식

경직성은 이들이 가진 매우 특징적인 성격특성이며, 특히 이들의 사고 과정에서 아주 현저하게 나타난다. 이들은 타인의 의견을 무시하고 독단적으로 자기 생각만 옳다고 확신하기 때문에, 그 안에는 상황의 다양한 측면이나 섬세한 의미를 감지하고 고려할 만한 유연성이 결여되어 있다. 그렇기 때문에, 샤피로는 강박성 성격자와 대화한다는 것은 무척 곤혹스럽고 좌절스러운 일이 될 수 있다고 하였다. 독단적으로 자신의 주장만을 고집하고 다른 사람들의 의견을 인정해주지 않으며, 때로 명확히 동의하지도 반대하지도 않는 어중간하고 우유부단한 태도를 취할 때가 있기 때문이라 하였다. 대화는 계속 진행되고 있지만, 감정의 소통과 의미의 공유가 전혀 이루어지지 않는 공허한 말들의 나열이 되고 만다. 다음의 대화는 샤피로가 일례로 제시한 강박성 성격자와의 대화 내용이다. 한수는 집을 사고 싶어 한다. 강박성 성격을 가진 영배가 어떠한 식으로 반응하는가 한 번 보기로 하자.

한수: 음, 그렇구나. 그러니까 너는 내가 그 집을 사서는 안 된다고 생각한다 그거지? 그 집을 사는 것은 바보 같은 짓이다… 그런 말이지? 그러니?

영배: 지붕이 엉망인 집은 절대로 사지 마. 그렇게 지붕이 엉망인 집을 사게 되면 집값만큼의 돈을 수리하는 데 써야 할 거야. 지붕이 엉망인 집은 사지 마.

한수: 음, 그렇기는 한데… 그런데 내가 한 건축사무소에 의뢰해서 그 집을 점검하도록 했었는데, 그 사람 말로는 다른 곳은 모두 상태가 양호하다고 그랬어.

영배: 지붕은 단지 시작일 뿐이야. 우선 지붕이고, 그러고 나서 수도배관이 고장 나고, 난방장치, 보일러가 차례대로 고장 날지도 몰라.

한수: 그것들은 모두 아무 문제가 없어 보였는데….

영배: 그리고 보일러가 고장 난 후에는 전기배선에 문제가 생길 거야….

한수: 아니… 전기배선은….

영배: (냉담한 어조로 말을 가로채며) 그 집을 사게 되면 결국 집 살 때 비용의 두 배가 들어가고 말 거야.

영배는 노골적으로 한수의 이야기를 반대하지도 경청하지도 않고 있다. 그저 자신의 생각에만 고착되어 대화의 다른 내

용을 전혀 파악하지 못하고 있다. 이러한 경직성은 대화의 본
질과 핵심을 놓치게 만들고, 실제적으로 의사소통의 단절을
초래한다. 이것은 강박성 성격자가 지닌 인지적 경직성의 단
면을 여실히 보여주는 것이다.

강박성 성격자와 대화하다 보면 종종 이러한 생각이 든다.
'아니, 내가 하려고 하는 이야기는 그게 아닌데, 초점을 잘못
맞추고 자기 이야기만 하네. 누가 그 원칙적인 것을 모르나.
그냥 마음이 답답하고 그래서 그냥 이야기한 건데, 거기에 대
고 그렇게 딱딱하게 윤리 선생 같은 이야기를 하네. 그렇게 자
기 이야기만 하고, 내 말은 제대로 듣지도 않는 것 같네…' 강
박성 성격자가 대화 가운데 보이는 인지적인 경직성은 샤피로
가 기술한 것처럼 '의도된 부주의active inattention' 처럼 비쳐지는
것이다.

샤피로는 강박성 성격자가 지닌 인지적 경직성이 전체적
인 맥락을 놓치고 세부 사항에 집착하는 주의 편향에서도 잘
나타난다고 하였다. 이들은 상황의 핵심과 본질, 혹은 전체적
인 의미를 파악하지 못하고, 세부 사항들에 강렬한 주의를 기
울인다. 다른 사람들은 신경 쓰지 않을 만한 시시콜콜한 일에
대해서 과도하게 집중하고 걱정하기도 한다. 맥락의 전체적
인 의미를 조망하기보다는 국소적이고 극히 지엽적인 부분에
주의를 강렬히 몰입시키는 것이 이들의 특징이다. 샤피로는

또한 이들이 항상 주의를 기울이고 있는 사람처럼 보인다고 했다. 그러나 그 주의의 초점이나 폭 및 유연성이 매우 제한적이다. 이러한 주의 편향은 그들이 보이는 세부 사항에 대한 과도한 집착이나 일에 대한 과몰입에도 기여하는 것으로 보인다.

2) 과도한 통제 욕구와 자율성의 상실

샤피로는 강박성 성격의 중요한 두 번째 특징으로 자율성의 왜곡과 상실을 언급하였다. 강박성 성격자는 어떠한 일도 당위적으로 반드시 '해야만 하는' 일로 받아들인다. 우리 삶에는 반드시 해야만 하는 일도 있지만, 그렇지 않은 선택적인 일이 더 많다. 하지만 강박성 성격자는 거의 모든 일을 반드시 해야 하는 것처럼 느끼며, 자신의 모든 행동이 의지적 통제하에 있기를 원한다. 모든 것을 통제하려 하니 자율성이 왜곡되고, 매우 역설적인 결과가 발생한다. 매사가 해야만 하는 일이 되니, 많은 일이 스스로 하고 싶은 욕구에서 '자율적으로' 시작되기보다는 해야만 하는 짐이 되고 만다. 매사를 자신의 통제하에 두고 싶지만, 결과적으로 자신이 스스로 선택하고 결정하는 자율적인 존재에서 점점 멀어지게 된다. 따라서 강박성 성격자에게 나타나는 자율성의 왜곡은 과도한 통제욕구에서 시작한다고 보아도 무방하다. 샤피로는 강박성 성격자의 과도한 통제욕구와 관련하여 다양한 영역에서 자율성이 왜곡되고 상실되는 부적응적인 결과가 나타난다고 하였다. 그 내용을 구체적으로 살펴보자.

(1) 과도한 긴장과 노력

강박성 성격장애자에게는 많은 일이 '의지력'을 발휘하여 신중하게 수행해내야 하는 과제처럼 여겨진다. 물론 누구나 날마다 노력 없이는 이룰 수 없는 일들과 씨름하며 살아간다. 그러나 강박적인 성격의 사람은 그 일이 실제로 중요한 일이든 아니든 간에 모든 일에 최선의 노력을 기울여야 하는 것처럼 느낀다. 대부분의 사람에게는 취미나 여가활동 정도의 소일거리도 이들에게는 상당한 신중함과 계획, 통제가 요구되는 일이 되어버린다. 예를 들어, 어떤 강박적 성격의 사람은 이번 여름의 가족 휴가 여행을 최대한 유익하게 보내기 위해서 신중하게 계획을 세웠다. 그는 즐기기로 '작정하였고' 이를 완벽하게 성취하기 위해 필요한 항목들을 조사하고, 리스트를 작성하며, 빠듯한 여행 일정과 이동 경로를 계획하기 시작했다. 또 다른 강박성 성격장애 환자는 불면증과 주의집중의 어려움을 호소하며 상담실을 찾아왔다. 그가 날마다 '연구'해온 주제는 "어떻게 하면 잠이 빨리 들 수 있을까" "어떻게 하면 두 눈동자의 초점을 책에 정확하게 일치시킬 수 있을까" 하는 것이었다. 그는 잠들고자 '노력'하였고, 책에 초점을 맞추고자 '노력'하였다. 하지만 의식적으로 노력하면 할수록 잠은 더 오지 않았고, 책에 초점을 맞출 수가 없어 글자가 더욱 흐릿하게 보였다. 잠은 긴장이 풀리면 저절로 오는 것이고, 글자에 초점을 맞추는 것 역시 자연스러운 읽기의 과정이지만, 이 모든 것이 반드시 계획과 목적, 규칙에 따라 완벽하게 통제되어야 하는 일이 될 때, 그 어느 것도 긴장과 노력 없이는 이룰 수 없는 어려운 과제가 된다. 이와 같이 자율감의 상실은 과도한 긴장과 불안으로 연결된다.

(2) '해야만 한다'는 당위성의 압박

강박적인 사람은 마치 일 중독자처럼 일에 몰두하지만, 무언가 '해야만 한다'는 당위성의 압박에 끌려가기 때문에 진정한 일의 만족과 열정을 느끼지 못하는 것 같다. 내재적인 동기와 흥미에 이끌려 의욕적으로 임하기보다는, 마치 어떠한 명령이나 요구를 충족시키기 위해 고통스럽게 일에 휘둘리는 노예처럼 보인다. 수 없이 많은 '해야만 한다'는 내면의 목소리가 이들을 향한 스스로의 채찍질이 된다. 심지어는 무엇을 생각하고 무엇을 느낄 수 있는지에 대해서도 의지적으로 통제하고 싶어 하며, 자기 자신의 마음을 검열하려고 한다. 이처럼 무엇이든지 통제력과 의지력을 발휘하고 싶은 욕구는, '자율적'으로 시작된 많은 일을 결국 부담스러운 의무가 되어버리게 한다.

(3) 통제감의 상실

어린아이는 본능적인 욕구를 따라 반사적으로 행동하지만, 성장하면서 행동의 다양한 측면을 자신의 의지대로 통제하는 자율적인 능력을 획득해나간다. 신체적인 능력뿐만 아니라 생각과 감정을 포함하는 많은 기능이 의지적인 통제하에 들어오게 되는 것이다. 하지만 인간의 감정과 욕구의 모든 부분이 완벽하게 의도적인 통제하에 종속되는 것은 아니다. 또한 우리의 뜻과 의지대로 모든 상황을 통제할 수 없기 때문에, 때로는 고통스러운 상황을 직면하고 있는 그대로 받아들여야 한다. 대부분의 사람에게는 자신이 삶의 어떤 부분을, 그것이 자기 내면의 모습이든 아니면 고통스러운 외부의 상황이든, 의지적으로 통제할 수 없다는 사실이 큰 문제가 되지 않을 수 있다. 의지력과 자율감이 잘 확립되어 있는 사람은 스스로 통제하기 어려운 충동이나 감정, 욕구가 존재한다는 사실을 어느 정도는 큰 갈등 없이 허용할 수 있는 여유를 지니게 된다.

하지만 강박성 성격장애자는 생활 전반에서 과도한 통제감을 획득하고, 매사를 의지적으로 통제하려고 한다. 그와 같이 스스로 통제하려 항상 애쓰지 않으면 마치 땅이라도 꺼질 것 같은 불안감이 생활 전반에 깔려 있다. 무엇이든지 신중하게 계획하고 준비해야 하고, 이를 통해 자기 자신이나 주변의 상황을 완벽하게 통제하고 싶은 욕구를 가지고 있다. 이들은 자신의 욕구와 감정까지도 의지적으로 지배하고 통제하기 위해 안간힘을 쓴다. 이들은 거의 모든 행위에서 신중하며 계획적이다. 또한 자신의 의지적 행위가 타인에 의해 방해 받는 것을 견디기 어려워한다.

건강한 통제력은 모든 것을 통제하려는 경직된 욕구와는 거리가 멀다. 내가 의지적으로 통제하고 조절할 수 있는 것과, 바꿀 수 없기에 직면하고 수용해야 하는 것을 구별하고 상황의 요구에 유연하게 대처하고 반응하는 것은 건강한 통제감을 기초로 한다. 의지적 통제는 우리의 일상 생활 속에서 매우 중요한 것이다. 그러나 경직되고 완벽주의적인 자기통제를 추구하는 것은 현실적으로 좌절감을 지속적으로 맛보게 하고, 궁극적으로 안정감과 통제감을 상실하게 하는 역설적인 결과를 가져올 수 있다.

(4) 자율감의 상실

과도한 통제 노력이 역설적으로 통제감을 상실케 하는 것처럼, 지나친 자율과 의지력의 강조가 자율감을 상실하게 한다. 강박성 성격장애자는 누구로부터 그와 같은 엄격한 지시, 명령, 의무 등을 하달받아 어깨에 짊어지는 것일까? 그것은 바로 자기 자신이다. 스스로에게 '반드시 해야만 하는' 수 많은 일을 부과하고, 많은 경우에 스스로 정한 마감 날짜를 계속 상기시키며, 쉼 없이 일하도록 스스로에게 계속 명령을 내린다. 이들에게는 보다 자율적이고 보다 의지적인 사람이 되기 위하여 이러한 일이 당연하게 여겨진다. 하지만 이들은 자신이 스스로를 그와 같이 닦달하고 있다는 것을 잘 감지하지 못하며, 객관적으로 당위적인 상황으로 인해서 반드시 그렇게 하지 않으면 안 되는 것이라고 생각한다. 이는 자율적이고 의지적이고자 하는 과도한 노력이 오히려 이들의 자율감을 앗아가 버리는 과정을 이야기하는 것이다.

이들은 또한 도덕적인 당위성을 따라 행동해야 한다고 느낀다. 이들은 다양한 외부의 기대, 규칙, 전통 등을 반드시 따라야 할 도덕적 원리로서 늘 머릿속에 지니고 있다. 완벽주의적이고 도덕주의적인 의무감을 가지고 스스로 자신을 압박하며 쉼 없이 돌아가는 기계의 부품처럼 살아가는 것이다. 예측가능한 시나리오에 대한 매뉴얼과 세세한 행동 지침이 마련되어 있는 업무는 이들을 편안하게 해준다. 반면에, 자율적으로 판단하고 다양한 상황의 변화에 유연하게 대처해야 하는 일들은 이들에게 많은 스트레스를 안겨준다. 마찬가지로 이들이 업무에서 얻는 만족감은 자율적인 결정과 수행을 통한 성취에서 얻는 자기 실현의 만족과는 거리가 멀다. 이처럼 강박성 성격장애자는 마음속으로는 의지력과 자율성을 갈구할지 몰라도, 실제로는 자율감 없이 수많은 원리원칙과 당위에서 한 치도 벗어날 수 없는 기계적인 인간처럼 살아가게 된다.

(5) 안식의 상실

통제감과 자율감의 상실은 삶의 여유와 안식을 앗아가 버린다. 이들에게 여가활동은 목적을 망각한 비생산적인 일처럼 여겨진다. 항상 일을 하고 있어야 마음이 편하기 때문에, 지금 당장 일을 하고 있지 않다면 적어도 어떤 생산적인 문제에 대해서 생각이라도 하고 있어야 한다고 느낀다. 통제감과 자율감의 상실은 강박적 성격장애자에게 이와 같이 '시간낭비적이고 비생산적인' 자율적 여가활동을 극도로 꺼리게 만든다. 분명한 목적이 결여되어 있는 활동은 시간낭비이며 이들을 몹시 초조하게 만든다. 자율감의 결여로 이들은 어떤 활동이나 작업 자체에서 즐거움을 잘 느끼지 못하기 때문에, 반드시 그 행위를 합리화하고 정당화해줄 수 있는 가치나 구실 혹은 명분을 찾아내야만 마음이 편해진다.

강박적 성격을 지닌 한 학생은 공부를 하다가 쉴 때가 되어

도 맘이 편하지 않았다. 긴장을 늦추거나 몸을 늘어뜨리고 휴
식을 취하고 있으려면 뭔가 모를 죄책감이 느껴졌다. "방금
전까지 열심히 공부했으니까 이제는 쉴 만한 자격이 있어. 대
가를 이미 지불했으니까 쉬는 것이 그리 잘못된 것은 아니지.
그리고 이렇게 쉼으로써 재충전하고 다시 공부를 더 잘 할 수
있을 테니까 지금 쉬는 것은 생산적인 일이야." 이렇게 쉬는
것에 대해 스스로를 정당화할 수 있는 근거를 찾고 나서야 비
로소 쉴 수 있었다. 책을 읽는 것도 마찬가지였다. 그 자체로
즐거움을 느낄 수 있으면 좋으련만, "어떤 것이 나의 교양에
더 도움이 될까? 이 책은 역사 지식에 보탬이 될 것 같고, 이
책은 컴퓨터 신기술에 대한 정보를 줄 것 같고… 무슨 책을 골
라야 할까?" 하고 망설이며 오랜 시간을 서성거렸다. 쉬는 게
가치 있어야만 쉬고 책이 역사 지식에 보탬이 되어야만 읽는
다면, 결국 쉬는 것도 일이고 책 읽는 것도 일이 된다. 모든 것
을 분명한 목적과 원리원칙과 생산성을 염두에 두고 통제하려
고 할 때, 여가와 안식의 자리가 없어진다.

(6) 통제 상실에 대한 두려움

모든 것이 완벽해야만 한다고 믿는 완벽주의는 완벽함이
주는 성취와 만족보다는 불완전에 대한 두려움에서 기인한다.
통제에 대한 과도한 욕구 역시 통제할 수 없는 것들 혹은 통제

를 상실할 것에 대한 두려움에서 기인한다. 샤피로는 강박적인 성격의 사람이 통제력 상실에 대한 두려움을 지니고 있다고 하였다.

자기와의 싸움은 자신의 의지력을 가늠하는 지표가 된다. 자기통제와 의지력은 이들에게 매우 중요한 문제로, 늘 갈등과 불안의 원인이 되기도 한다. 주변에서 일어나는 많은 문제를 자기의지력의 결핍, 자기통제의 실패, 무절제함 등으로 설명하며 스스로를 비난하곤 한다. 문제는 이들이 때때로 비현실적으로 높은 기준을 설정하는 반면에, 필연적으로 뒤따를 수밖에 없는 성취의 좌절을 의지력의 부족으로 설명하려 하고 더욱 모질게 자기통제의 칼을 간다는 점이다. 이들에게 자신을 통제하느냐 혹은 의지력을 제대로 발휘하느냐 하는 것은 자신의 가치를 결정하는 중요한 문제로 여겨지는 것 같다. 그렇기에 자신의 의지력이 무너지거나 통제력을 상실하게 되는 상황에 대한 염려는 강박적 성격자에게 큰 불안을 야기한다.

감정이 극도로 억제된 사람은 통제가 무너질 때 지나치게 화를 내고 흥분하여 과격한 모습을 보일 수 있다. 강박적인 성격의 한 여대생은 다이어트를 위해 엄격하게 자신을 통제하였다. 과자 한 개를 먹을 때도 칼로리를 계산하여 먹을지 안 먹을지를 고민하였다. 이러한 식으로 엄격하게 식사와 간식의 양을 통제하였지만, 자신을 통제하지 못해 조금이라도 기준

량을 초과해서 먹게 되면 심한 불안감에 휩싸이며 안절부절못하였다. 그 후 어떤 일이 벌어졌을까? 그녀는 섭식에 대한 통제를 거의 완전히 포기하고 토할 정도로까지 폭식을 하게 되었다. 폭식증과 같은 섭식장애 환자는 주로 음식을 소재로 하여 과도한 통제와 폭식의 악순환을 보인다. 강박성 성격장애 환자는 음식 대신 자신의 통제력과 의지력에 대해 과도한 통제와 충동 폭발의 악순환을 보일 수 있다. 자기를 엄격하고 가혹하게 통제하는 사람일수록 때로 더 충동적으로 행동하기도 한다. 보다 엄밀히 말하면, 강박적인 사람에게 있어서는 충동 통제의 어려움보다는 통제 상실로 인해 자제력을 잃을지도 모른다는 두려움이 더 중요한 문제라고 할 수 있을 것이다. 그러나 그들이 실제로 통제력을 상실하고 공적인 상황에서 과격한 감정 폭발을 보이는 경우는 매우 드물다.

(7) 의사결정의 어려움

강박성 성격장애에서 나타나는 자율성의 상실은 또한 능동적이고 효율적인 의사결정의 어려움으로 나타난다. 샤피로는 강박성 성격자가 보이는 여러 가지 의사결정의 어려움을 잘 기술하였다.

첫째, 강박성 성격자는 완벽하게 균형이 잡힌 의사결정을 하기 위해서 의식적으로 반대급부적인 사안을 생각해내려고 한다. 얼마 동안 일을 하고 그 후 얼마 동안 휴식을 취할 것인가 결정할 때를 예로 들어보자. 한 시간의 휴식을 갖자고 결정하는 순간 그는 동시에 한 시간이 지나면 더 많은 시간을 일에 투자하기로 결정함으로써 도덕주의적이고 완벽주의적인 의사결정의 균형을 이루려고 한다. 이와 같은 성향은 효율적인 의사결정을 방해한다.

둘째, 강박성 성격자는 의사결정 과정 중에 원칙과 규칙을 찾아내려 한다. 도덕주의적인 강박적 성격자는 의무와 당위에 충실해야 하기 때문에, 자신의 사적인 감정이나 욕구에 따라 어떤 결정을 자율적으로 내려야 하는 상황이 몹시 불편하다. 하지만 어느 누구도 의사결정 없이 살아갈 수는 없다. 우리의 일상생활은 끊임 없는 의사결정의 연속이다. 강박적인 성격의 사람은 아주 사소한 결정일지라도, 어떤 규칙이나 원칙을 찾아낸 후에 그에 따라 결정을 내리려고 노력한다. 이러한 규칙이나 원칙이 올바른 해답을 줄 것이라고 믿기 때문이고, 또 그렇지 않은 결정은 부적절하고 부도덕한 것이라고 믿기 때문이다. 당연히 이와 같은 도덕주의적 태도는 효율적인 의사결정 과정을 방해한다. 예를 들어, 샤피로는 어떤 영화를 보러 갈까 결정해야 하는 상황에서도 강박성 성격자는 다음과 같은 원칙주의적 사고를 한다고 기술하였다. "가장 싼 극장에 가는 것이 언제나 현명한 선택"이라거나 혹은 "가장 가까운 곳에 가는 것이 시간을 가장 절약할 수 있다" "무언가 도움이 될 만한 교육적인 영화를 보아야 한다." 기준이나 규칙을 세우고 이 기준에 따라 결정을 내린다면, 영화를 선택하는 사적인 선호와 관심의 문제도, 원리원칙에 부응하려는 형식적이고 절차적인 문제로 탈바꿈하게 된다.

셋째, 의사결정을 위해 이처럼 적절한 규칙이나 도덕적 원칙을 찾아내지 못할 경우, 강박성 성격자는 좀처럼 어떠한 결정에도 이르지 못하고 매우 우유부단한 모습을 보일 수 있다. 그리고 이러한 우유부단성은 사소한 결정이든 중대한 결정이든 매한가지로 나타나는 현상이다.

넷째, 의사결정이 모든 정보와 사실을 철저하게 검토해야만 하는 고통스러운 과정이 된다. 이는 모든 의사결정이 완벽주의적, 원칙주의적 그리고 도덕주의적인 자신의 방식을 따라 이루어져야 하기 때문이다. 모든 적절한 사실을 찾아내고 '올바른' 해답을 찾아내려 고심하다가 결국에는 기진맥진해 버릴 수도 있다.

다섯째, 샤피로는 이들이 어떤 결정을 내리기 전에는 득실을 따지며 경중을 헤아리고 장시간 망설이며 해결책을 강박적으로 검토하지만, 정작 결정은 상당히 돌발적으로 내려버리기도 한다고 하였다. 결정에 이르기까지 수많은 시간을 소모한 후에 결정 그 자체는 상당히 충동적으로 내려버릴 수도 있는 것이다. 과도한 통제가 포기로 바뀌는 순간이 바로 이러한 것이다. 백화점에서 어떤 옷을 살 것인가를 고민하며 이리저리 재다가 최종적으로는 자기 자신의 우유부단함에 지쳐 "에라 모르겠다. 아무거나 사버리자"는 심정으로 점원이 추천한 옷을 황급히 집어 들고 마는 것이다. '장고 끝에 악수'라고나 할까, 리포트를 잘 쓰려고 고민하고 또 고민하다가 결국에는 마감시간에 쫓겨 아무렇게나 휘갈겨버리는 것도 마찬가지 예가 될 것이다.

여섯째, 일단 어떠한 선택이 이루어지면 강박성 성격자는 자신의 선택을 하나의 원칙처럼 정당화하고 싶어한다. 따라서 이 결정에 대해서는 더 이상 개선의 여지가 없다고 간주하며, 결정이 변동되지 않도록 새로운 정보에 귀를 닫게 된다. 이와 같은 인지적인 경직성은 대안적인 선택안이나 새로운 관련된 정보를 열린 마음으로 고려하기 어렵게 만든다. 결정 이후에도 얼마든지 결정을 수정할 만한 새로운 정보가 유입될 수 있는 것이다. 이처럼 이들은 결정된 사항에 대하여 통제감과 자율감을 유지하려 하지만, 그 안도감과 심리적인 평형이 결코 오래 지속되지 못한다.

3) 세상에 대한 현실감과 확신의 상실

샤피로가 제시한 강박성 성격의 세 번째 인지적 특성은 주변 세상에 대한 현실감과 확신감의 상실이다. 앞서 살펴본 바와 같이, 이들은 자신의 감정과 욕구를 억누르고, 통제하며, 외적인 규준과 관습을 따라 판단하고, 정해진 틀에 따라 원리원칙주의적으로 행하려고 한다. 또한 현상의 형식적이고 지엽적인 세부 사항들에 과도하게 집착하는 경향을 보인다. 이와 같은 인지 양식으로 인해 나타나는 결과는 현실의 궁극적이고 중심적인 의미를 간과하게 되는 것이다. 다시 말해, 현실과의 깊이 있고, 유기적이며, 통찰력 있는 접촉을 할 수 없게 된다. 샤피로는 이러한 의미에서 강박성 성격자의 현실감이 저하된다고 하였다.

그에 따른 결과로 이들은 2가지 상반된, 그러나 밀접하게 연결된 태도를 나타내게 된다. 샤피로는 그것이 독단주의적인 태도와 불확실감이라고 하였다. 지엽적인 사항들에 온 주의가 집중되어 있고 상황의 보다 핵심적이고 전체적인 의미를 파악하지 못하기 때문에, 쉽게 자신의 편협한 생각에 기초하여 자신만이 옳다는 독단주의적 태도를 보인다. 한편으로는 이러한 지엽적이고 편협한 사고 방식으로 인해 현실의 다양한 측면을 융통성 있게 고려하지 못하고 주변적인 세부 사항에만 집착하

기 때문에, 쉽게 의구심에 사로잡히고 상황에 대한 확신을 잃
게 된다. 결과적으로 이들은 자신의 생각, 판단 및 행동에 대
해 독단주의적인 태도와 자기불신의 태도 사이를 불안정하게
오가게 된다.

　이상 샤피로가 기술한 강박성 성격의 인지양식에 대해서
살펴보았다. 요약하자면, 강박성 성격자는 지엽적이고 세부
적인 사항들에 매우 강렬한 주의를 기울이고 경직된 사고의
틀에 얽매여서 좀처럼 다양한 관점을 취하여 상황의 전체를
보지 못한다. 또한 자신의 심리 상태뿐만 아니라 주변의 많은
일들을 완벽하게 통제하려는 욕구와 그러한 통제를 상실할 것
에 대한 불안감 때문에 자신의 삶을 당위와 의무로 점철된 고
통과 긴장 및 비효율 속으로 몰아넣게 된다. 또한 지엽적인 사
안들에 대한 과도한 주의와 집착으로 인해, 상황의 전체적 맥
락과 의미를 간과하고 자신의 주변 세상에 대해 매우 독단적
인 태도와 불확신감 사이를 불안정하게 오가게 된다.

　이제 다음 절에서는 이와 같은 강박성 성격장애의 여러 가
지 특징이 어떠한 양상으로 개인의 전반적인 성격 유형을 특
징짓게 되는지 살펴보기로 하자. 모든 강박성 성격장애자가
동일한 모습을 가지고 있는가? 혹시 그들 간에도 유의미한 차
이가 있어, 강박성 성격장애의 다양한 하위유형이 존재하지

는 않을까? 또한 성장과 발달에 따라 강박성 성격장애는 어떠한 모습으로 달라지는가? 지금까지 강박성 성격의 기본적인 특징과 그들의 사고 양식에 대해서 자세히 살펴봤으므로, 이제 이러한 특성들이 어떻게 아동과 성인에게, 또한 건강하게 기능하는 개인과 병적인 성격장애를 지닌 사람에게 나타나는지 살펴보도록 하자. ◈

5. 강박적인 성격의 유형들

  밀론Millon은 성격장애 연구와 검사도구 개발에서 세계적인 권위를 인정받는 학자다. 그는 강박적인 성격이 아동기와 성인기를 거쳐 어떠한 다양한 유형으로 나타나는지 그 변형적인 모습과 하위유형들을 기술하였다. 밀론은 어떠한 이론가들보다도 강박성 성격장애의 하위유형을 체계적으로 잘 정립한 이론가다. 밀론의 이론(Millon & Davis, 1996; Millon & Everly, 1985)에 근거하여 강박성 성격이 어떠한 다양한 양상으로 나타날 수 있는가를 함께 살펴보기로 하자.

1) 정상인의 강박성 성격 성향

  이 책의 서두에서 성격과 성격장애의 일반적인 정의를 제시한 것과 같이, 강박성 성격을 지닌 모든 사람을 강박성 성격장애자라고 부를 수는 없다. 그중에는 분명히 건강하게 잘 기능하는 강박성 성격특성을 지니고 성공적으로 자신의 삶을 영위하는 사람들이 있기 때문이다. 대부분의 성격특질은 연속선상에 존재한다. 연속선상에 존재한다는 말은 대부분의 성격특질이 정도의 차이는 있지만 정상인이나 심한 부적응을 겪는 성격장애자 모두에게서 발견된다는 뜻이다. 따라서 강박성 성격장애의 특질 역시 건강하게 기능하는 개인들의 성격 기능에서도 관찰된다. 특별히 밀론은 고도로 발전되고 성공지향적인 특성을 지닌 사회에서는 강박성 성격특질이 어떤 다른 성격양식보다도 두드러지게 나타날 것이라고 하였다. 이는 물론, 현실 부적응적이고 극심한 심리적 곤란을 겪는 병적인 강박성 성격장애자가 우리 주변에 가득하다는 의미가 아니다.

경쟁적인 사회와 조직 문화 속에서 성공적인 삶을 살아가는 사람들에게 강박적인 성격특질을 찾는 것은 그다지 어려운 일이 아니다. 그들은 매사 일처리가 꼼꼼하고, 규칙적이고 체계적이며, 자신의 일정을 정확하게 관리하고, 업무의 미세한 부분에도 세심한 주의를 기울여 완벽한 일처리를 추구하고, 조직의 윗사람에게 매우 공손하고 순종적이며, 특히 위계질서 속에서 특히 탁월한 조직의 일원으로 많은 기여를 한다. 이러한 행동 패턴은 우리가 지금까지 살펴본 강박성 성격의 연장선상에 있다. 단지 그 정도가 훨씬 경미하고, 그와 같은 강박적인 성격특질이 보다 적응적인 수준에서 순기능적으로 발현되고 있는 것이다. 아마도 이 글을 읽고 있는 독자들도 강박성 성격양식의 일부를 지니고 있는 사람일 것 같다. 그렇지 않으면 어떻게 이러한 주제의 책을 내려놓지 않고 여기까지 읽어올 수 있었겠는가? 이 책을 쓰고 있는 필자들은 어떤 사람일 것으로 생각되는가? 강박적인 특성이 전혀 없이 이와 같은 책한 권을 탈고하기란 쉽지 않을 것이다. 강박성 성격에 담겨 있는 부정적인 어감으로 인해, 이러한 사람들을 모두 성격장애자라고 매도하는 일은 절대로 있어서는 안 된다. 건강하고 정상적인 범위와 양식의 강박성 성격이 지닌 순기능을 고려할때, 이들은 아주 책임감 있고 신뢰로우며 우리가 살아가는 사회 속에서 꼭 필요한 모습의 사람들이다.

올드햄Oldham과 모리스Morris는 적응적이고 정상적인 강박성 성격을 '양심적인 유형'이라고 소개했다(Oldham & Morris, 1990). "양심적 유형의 사람들은 강한 도덕성과 확신을 가진 사람들이다. 일이 제대로 마무리될 때까지 쉬지 않거나 최소한의 휴식만을 취하며 노력한다. 이들은 자신의 가족에게 성실하고, 자신이 하고 있는 일의 명분에 충실하며, 조직체 속에서는 그들의 상관에게 충성스러운 모습으로 살아간다. 일에 열중하는 것은 이들의 특징적인 모습이다. 양심적 유형의 강박 성향자는 성취적이다."

　밀론은 이처럼 순기능적인 강박성 성격을 '동조적 성격양식'이라고 불렀다. 이는 그들이 외부의 규율이나 미리 정해진 관습을 따르는 것을 선호하기 때문이다. 동조적인 성격양식을 지닌 사람은 늘 적절하고, 전통적이며, 질서정연하고, 완벽주의적인 사람으로 살아가고자 한다. 이들에게는 이와 같은 성격특성이 결코 스스로에게 불편하거나 이질적인 요소로 여겨지지 않는다. 본인 스스로가 살아온 삶의 방식이기 때문에 이것이 자신의 특징이자 장점이라 생각하며, 이에 대해 특별한 자각 없이 살아가는 경우가 많다.

　특별히 이들은 업무 처리 방식에서 자신의 강박적인 성격특성을 잘 나타낸다. 정해진 규칙이나 표준에 부응하기 위해 애쓰고, '표준'에서 이탈하는 것을 몹시 꺼려한다. 늘 익숙한 방식을 따라 합리적이고 적절한 방식으로 일하고 싶어한다. 자신의 책임을 철저하게 완수하려 하기에, 사람들에게 근면하고 신뢰로운 사람이란 인상을 준다. 반면에, 이러한 강박적인 성격특성으로 인해 지나치게 통제적이고, 유연성이 부족하며, 고지식하고, 변화에 저항적인 모습을 보이게 될 수도 있다. 또한 이들은 자신이 당면한 상황을 단순하게 이분법적인 흑백논리로 파악하거나, 상황에 내재되어 있는 감정적, 인간관계적 측면을 배제하고 지나치게 이성적이고 논리적인 태도를 취하여 주변 사람들의 마음에 상처를 입히곤 한다. 날마다 살아가며 우리가 겪듯이, 우리 주변에는 그렇게 단순히 논리와 분석만으로 해결되지 않는 감정적이고 관계적이며 민감한 일들이 널려 있다.

종합해볼 때, 정상인에게 나타나는 강박성 성격양식은 여러 가지 순기능적인 측면과 더불어 잠재적인 갈등과 혼란을 내포하고 있다. 이러한 성격 유형이 보다 강렬하고 부적응적이며 경직된 상태로 생활 전반에 나타날 때, 강박성 성격장애라고 불릴 만한 모습들이 나타나게 된다.

2) 아동기에서 나타나는 강박 성향

밀론은 아동기에도 불안장애적인 모습을 통해 강박적인 성격성향이 나타날 수 있다고 하였다. 특별히 공포스러운 대상이 주변에 있는 것도 아닌데 과도한 걱정과 겁에 질린 행동을 보이고, 자신의 행동이 적절한지 계속 의심하고 집착하며, 심한 긴장감을 내보인다. 완벽주의적인 성향을 나타내고, 주변 사람들의 인정을 받기 위해 부단히 노력하며, 자신이 한 일을 재차 확인하려 한다. 강박적인 성격특성에서 비롯되는 이와 같은 정서와 행동은 일면 불안장애와 매우 유사한 모습을 띠고 있다. 늘 초조해 보이고, 사소한 일에도 쉽게 긴장하며, 쉽게 좌절감을 느끼고, 자기 자신에 대한 확신이 결여되어 있으며, 끊임 없이 주위 사람들에게 확인을 받아야만 한다.

밀론은 이와 같은 성격특질이 부모 자신의 완벽주의와 과잉통제에서 비롯되는 것 같다고 하였다. 매우 엄격한 훈육과 규율 속에 복종하면서 자라야 하기 때문에, 아이들은 보다 독립적이고 자주적이고 모험적인 생활양식을 경험할 수 있는 기회를 박탈당한다. 부모의 완벽주의적인 태도 때문에 사소한 실수를 저질러도 일장연설의 잔소리를 들어야 한다. 부모가 요구하는 기준을 만족시키지 못할 것에 대한 불안과 압박 속에 늘 쫓기다보니, 아이들은 자신의 감정과 욕구를 자연스럽게 탐색하고 성장시켜나갈 기회를 잃어버린다. 부모가 아이들에게 강요한 완벽한 기준은 아이가 성장하면서 이제는 자기 내면의 목소리로 동화되어 자신을 스스로 얽어매는 속박이 되어 버린다. 결과적으로 삶의 다양한 기회를 자유롭게 탐색하고 창의적으로 도전하고 실험하고자 하는 동기를 상실하게 된다. 이처럼 밀론은 아동기에 강화되는 강박성 성격특성이 큰 정서적인 대가를 치르게 된다고 하였다. 또한 아이들이 부모의 과잉통제로부터 벗어나기 시작하는 청소년기에는 종종 억눌려왔던 감정을 폭발시키는 경우가 있어, 정서적인 불안정감이 고조되게 된다.

3) 성인기 강박 성격의 하위유형

지금까지 '정상적인' 유형의 강박성 성격과 아동기에 발현
되는 강박성 성격이 어떠한 모습을 띠는지 살펴보았다. 밀론
은 성인들에게서 나타나는 강박성 성격장애의 다양한 유형을
기술하였다. 그는 크게 5가지의 유형을 제시하였다. (1) 양심
적 강박 성격, (2) 청교도적 강박 성격, (3) 관료주의적 강박
성격, (4) 절약적 강박 성격, (5) 혼돈된 강박 성격. 밀론이 제
시한 여러 가지 하위유형을 살펴보며, 강박적인 성격특질들
이 어떠한 양상으로 개인의 전반적인 성격 기능을 결정하게
되는지 구체적으로 알아보자.

(1) 양심적 강박 성격(The Conscientious Compulsive)

밀론이 제시한 첫 번째 유형은 '양심적인 강박 성격'이다.
이러한 유형의 사람들은 매우 순응적이고 의존적이다. 특히
주변의 권위적인 인물을 향하여, 또는 규칙이나 규율에 대하
여 아주 동조적인 모습을 보인다. 이와 같이 외적인 가치나 기
준에 절대적으로 순응하는 것은, 자기 내면의 생각이나 욕구
를 강하게 억누를 때에만 가능하다. 이들은 겉으로는 매우 신
중하고, 사려 깊으며, 정중하고, 예의 바른 사람처럼 보이지
만, 내면에는 억압이 가득한 사람이다.

하지만, 밀론은 이와 같이 과도한 순응적 태도로 인해 여러 가지 심리적인 대가를 치러야 한다고 했다. 첫째, 이들은 자기 자신에 대해 깊은 부적절감을 느끼며 살아간다. 주변의 권위와 규칙에 순응하기 위해 안간힘을 쓴다는 것은, 그 기준에서 벗어나는 실수를 저지를까 노심초사하며 살아가야 한다는 것을 의미한다. 이는 자신의 자연스러운 감정과 욕구를 억누르고, 늘 자신의 말과 행동이 타인에게 어떠한 모습으로 비치는지에 대해 과민해지게 만든다. 자신이 진정으로 바라는 바를 추구하기보다 순응과 동조를 가치로 삼고 타인의 눈을 의식하며 지내다보면, 당연히 실수나 이탈에 대한 불안감에 사로잡힐 수밖에 없다. 그 결과는 참된 '나'를 상실하는 것이고, 스스로에 대한 부적절감에 사로잡히게 되는 것이다. 둘째, 이들은 또한 타인들, 특히 상사나 권위적인 대상의 비위를 맞추고 순응하기 위해서 애쓰기 때문에, 당연히 그 이면에서는 기준을 만족시키지 못하거나 타인의 비판을 받게 되는 상황에 대한 두려움과 불안감을 가지고 살아가게 된다. 진정한 성취의 기쁨과 만족을 누리기보다는, 자신이 부적절하고 '함량 미달인' 존재가 될까 두려운 마음에 늘 쫓기게 된다. 실수에 대한 과도한 두려움은 우리가 자신 있게 의견을 개진하거나 적극적인 행동을 취할 수 없도록 만든다. 따라서 이들은 종종 상당히 우유부단한 태도를 취하여 크게 실수를 범할 위험이 없는 중간

자적인 그러나 모호한 입장을 견지하려고 하기도 한다. 이로 인해 이전에 경험해보지 못한 새로운 일이나 상황은 이들에게 아주 불편하거나 불필요하게 느껴진다.

따라서 이들이 나타내는 양심적이고, 규칙적이며, 지엽적인 사항에 집착하고, 완벽주의적으로 사고하고 일처리하려는 경향은 결국 부적절감에 사로잡힌 자아를 방어하고 자존감을 보호하려는 나름대로의 필사적인 적응 기제라고 볼 수 있겠다. 양심적인 강박 성격 유형의 특징을 살펴보면, 우리가 스스로의 가치를 느끼고 확인하는 근원이 우리 내면 자아 속에 뿌리내리지 못했을 때 겪을 수밖에 없는 심리적인 고통과 부적응적인 행동 양식에 대해서 깊게 고민해보게 된다.

(2) 청교도적 강박 성격(The Puritanical Compulsive)

강박성 성격의 두 번째 하위유형으로 밀론은 '청교도적인 강박 성격'을 제시하였다. 이들 역시 권위와 규율에 순응적이란 점에서는 양심적 강박 성격과 크게 다르지 않다. 그러나 이들은 이러한 순응의 모습 외에 매우 경직된 자기의self-righteousness와 도덕주의적 태도를 보인다. 자신이 항상 옳고 도덕적이라고 굳게 확신하기 때문에, 주변의 만만한 대상들에게는 쉽게 분통을 터뜨리고 비난하고 정죄하는 모습을 보이곤 한다. 자기 눈의 들보를 보지 못하고 상대방 눈의 티끌을 찾아내어 힐난

하는 것처럼, 이들은 쉽게 남을 비판하고 정죄하지만 정작 자신은 이 모든 상황 속에서 홀로 외롭고 바른 사람이라고 생각한다. 그러니 이들이 '과시하는' 도덕성은 융통성 없이 꼭 막혀 공감할 수 없는, 이기적이고 도덕주의적인 성격의 것이다.

더불어 이들이 나타내는 또 다른 중요한 특징은 내면의 정서적인 불편감이나 심리적인 곤란함을 부인하는 것이다. 내가 항상 옳고 바르기 때문에, 자신의 마음에 어려움이 있다는 것을 인정하는 것이 매우 어려운 일임은 당연한 것 같다. "나는 괜찮다"고 주장하지만, 실제로 이들은 항상 여유 없고, 긴장되어 있으며, 쉽게 분노하고 신경질적인 행동을 나타내곤 한다. 그렇기 때문에, 밀론은 청교도적 강박 성격이 일면 위선적이고 독단적인 편집성 성격의 모습을 띤다고 하였다.

사람들이 타인을 용납하지 못하고 가차 없이 비난하며 분노감을 쉽게 터뜨릴 때, 그 내면에는 자기 자신에 대한 불안정감이 깊게 내재되어 있는 경우가 많다. 자기 자신을 있는 그대로 바라보고 스스로의 약점을 인정하고 용납할 수 있는 사람들이 또한 타인의 약점과 실수에도 관대한 모습을 보일 수 있다. 이런 점에서 이들이 보이는 독단적인 자기의와 도덕주의적인 태도는 내면에 깊게 자리 잡은 자아의 불안정감을 반영하는 것으로 볼 수 있다. 이 세상에 완벽한 사람은 없다. 모든 사람이 마음으로 행동으로 크고 작은 죄를 짓고, 실수를 범하고, 자기 자신과 주변 사람들을 실망시키는 일을 하면서 살아가는데, 그것이 인생의 모습이고 우리 삶의 현실이다. 하지만 청교도적인 강박성 성격자는 그와 같은 우리 인생의 현실을 다른 사람에게서만 발견하고, 자신에게 이러한 모습이 있음을 인정하지 않으려 한다.

이들도 강박성 성격자가 공통적으로 지닌 순응적 태도를 가지고 있지만, 보다 만만하거나 상대하기 쉬운 사람들에게는 이러한 독단적인 도덕주의적 행동을 보다 쉽게 나타낸다. 따라서 이들의 모습은 상당히 양가적이며, 그와 같은 취급을 당하는 사람에게는 매우 위선적으로 비치기도 한다. 상사나 권위적인 사람에게는 아주 적절하고 공손한 모습을 보이려 하지만, 주변의 상대하기 쉬운 사람에게는 매우 독단적이고, 인정머리 없으며, 비난적이고, 도덕주의적인 태도를 나타내기 쉽다. 하지만 이들은 이와 같은 청교도적 강박 성향으로 인해 대인관계가 악화될 때 자신이 오히려 피해자라고 여긴다. 자신이 '항상' 옳기 때문이다. "저 개념 없고 이해할 수 없고 기본이 안 되어 있는" 사람 때문에 자신이 피해를 본다고 생각한다.

자기의와 도덕주의적인 태도는 우리를 소경이 되게 한다. 더불어 살아가면서 서로 감싸주고 용납하며 지지해주어야 할 우리 모두의 연약함과 부족함을 전혀 볼 수 없게 만든다. 무자

비한 비판만이 뒤따르게 된다. 완벽하지는 못해도 있는 그대로 받아들이고 수용하며, 그 부족한 자리에서 다시 시작할 수 있도록 서로 믿어주고 격려해주는 것이 보다 살 맛 나는 세상을 만들지만, 이것이 청교도적 강박 성격자에게는 좀처럼 이해할 수 없는 넌센스처럼 여겨진다.

(3) 관료주의적 강박 성격(The Bureaucratic Compulsive)

밀론이 제시한 세 번째 강박 성격의 하위유형은 '관료주의적 강박 성격'이다. 이들은 조직과 집단에의 소속감을 통해 안정감을 찾는다. 다른 강박성 성격 유형들 중에는 표면적으로 조직과 권위에 순응하면서도, 내면에는 심한 갈등과 분노를 느끼는 사람들이 많다. 그러나 관료주의적인 강박 성격자는 조직의 규율이나 권위에 분노하지 않으며, 오히려 이를 통해 위안을 얻고, 자신의 정체감을 견고히 해가며, 자신의 삶을 그 위에 구축해가려고 한다. 어떤 집단에 소속되어 일부가 되었다는 것은 자신의 능력을 인정받고 그를 발휘할 기회를 부여받았다는 것을 의미하므로, 조직은 이들에게 자존감의 원천이 된다. 조직은 개개인을 평가하는 부담스러운 곳일 수 있지만, 이들에게는 조직이 자기정체감과 존재의 이유를 느끼게 해주는 삶의 근거가 된다. 이러한 특성으로 인해 관료주의적인 강박 성격자는 매우 충성스럽고 믿음직스러운 조직의 성원이 되곤 한다. 이와 같은 맥락에서, 이들은 조직 내에서 은근히 자신의 입지를 과시하고 자신의 중요성을 내세우려 하기도 한다.

이쯤 되면 관료주의적 강박 성격이 이들을 현대 조직사회 속에서 아주 충성스럽고 적응적인 인간형으로 만들 것이란 생각이 들지도 모르겠다. 하지만 여기에도 함정이 있다. 첫째, 조직의 권위와 규율에 대한 과도한 집착은 이들을 철저히 위계적이고 권위주의적인 사람으로 만든다. 이러한 특성이 조직 내의 타인들에게 조준될 때, 주변의 인간관계를 매우 긴장되고 경직된 스트레스 상황으로 몰아가게 된다. 밀론은 이들이 조직 내의 타인들을 명확한 서열적 체계 위에 줄 세우고 평가하고 순위를 매긴다고 하였다. 이러한 특성의 개인이 부하 직원이 된다면 얼마나 충성스러운 일군이 되겠는가? 그러나 이들이 매일 나에게 업무 지시를 내리는 상사이거나, 과제를 협력해서 진행해야 하는 나의 동료 직원이라고 상상해보라. 일거수일투족이 얼마나 불편하고 숨이 막히는 상황의 연속이겠는가? 고압적이고, 권위주의적이며, 주변적이고 세세한 일들을 지나치지 못하여 잔소리를 늘어놓으며, 비효율적인 관행을 강요하고, 참신한 아이디어를 묵살하며, 자신의 생각만을 무조건적으로 따를 것을 은연중에 강요한다. 어떠한 조직에서도 그 수장이 관료주의적 강박성 성격을 지니고 있다면, 이것은 그 밑의 수많은 사람이 날마다 버겁게 견뎌내야 할 현실이 된다.

둘째, 조직의 충성된 일원이 되는 것이 지고의 가치가 될 때 개인은 설 자리가 없어진다. 개인의 감정이나 욕구, 목표는 그저 주관적이고 사사로운 것에 불과하다. 이런 의미에서 관료주의는 전체주의와 맞물려 있다. 언제나 개인은 전체를 위한 부속품과 같은 것이고, 개인의 가치는 조직의 맥락 안에서만 인정받는다. 개인의 독특성과 주관은 전체의 조화와 유지를 저해하는 방해물일 뿐이다. 보다 창의적인 사고와 독특한 아이디어가 귀중한 가치를 발휘하는 현대의 경쟁사회 속에서 관료주의적인 강박 성격은 창조적이고 혁신적인 문제 해결과 생산 능력을 저해하는 걸림돌이 될 수 있다.

갈수록 힘겹고 경쟁이 치열해져 가는 사회 속에서 조직 내 개인의 수명도 점점 단축되어가고 있다. 오늘도 수많은 직장인들이 정리해고나 조기퇴직의 위협을 가슴에 안고 살아간다. 우리는 자기정체감과 자존감의 근원을 어디에 두고 살아갈 것인가? 물론 조직의 질서 속에서 사람들과 더불어 땀 흘려 일하며 살아가는 것은 건강하고 바람직한 일이다. 그럼에도 내가 어떤 조직에 속해 있기 때문에 가치 있는 존재가 아니라, 그저 나는 독특한 나 한 사람의 존재로서 소중하고 가치 있는 존재임을 깨닫고 생활 속에 담겨 있는 많은 소박한 기쁨과 즐거움

을 누리고 살아간다면 훨씬 더 행복하고 여유롭고 의미 있는
삶이 될 것이다.

(4) 절약적 강박 성격(The Parsimonious Compulsive)

밀론이 제시한 강박성격의 네 번째 하위유형은 '절약적 강
박 성격'이다. 이는 자신의 소유물을 타인과 공유하거나 나누
지 못하고 철저히 자기만의 것으로 지키려 하는 성향이다. 보
다 엄밀한 의미에서는 '절약'보다 '인색'이 더 정확한 표현일
것 같다. 밀론은 이러한 인색함이 이들이 외부 세계와의 거리
를 유지하기 위해 스스로 만들어 세운 장벽이라고 했다. 다른
강박성 성격 유형의 특징들이 그러하듯이, 이러한 인색함 역
시 자기 보호와 방어의 기제인 것이다. 이들이 가장 두려워하
는 것은 '상실'의 가능성이다. 따라서 인색함은 상실의 두려
움에서 자신을 보호하고 안정감을 얻기 위한 수단이 된다.

이들의 인색함은 소유물들의 경계를 아주 명확히 하려는
지극히 개인주의적인 성향으로 발현된다. 밀론은 이들이 "내
것은 내 것이고, 네 것은 네 것이다. 내가 네 것을 건드리지 않
는 것처럼, 너도 내 것을 건드리지 말아야 한다"와 같은 태도
를 지녔다고 하였다. 밀론은 이러한 인색함이 과거의 박탈이
나 결핍에 대한 반대급부적 반응이라고 하였다. 과거에 상실
하고 결핍되었던 아픔 때문에, 이제는 수중에 들어와 있는 자

신의 성취와 소유물을 빼앗기지 않겠다는 것이다. 대체로 강박적인 성격특성 자체가 '험난한' 환경 속에서 안전하게 홀로 비집고 설 땅을 찾기 위해 고군분투해온 과정에서 겪은 상처를 반영하는 것으로 여겨진다. 마찬가지로 절약적인 강박 성격도 자신의 소유와 영역을 지켜서 스스로를 보호하려는 나름대로의 필사적인 적응의 소산물 같다.

이들은 인간관계 속에서 동지와 적의 구분이 명확하며, 일단 누군가가 적이라 판명나면 아주 냉담한 태도로 거리를 유지한다. 특별히 누군가 자신의 소유와 영역을 침범해올 때, 어제의 동지도 바로 적으로 바뀌게 된다. 누군가 자신의 소유물을 함부로 만지거나 취하려는 '위협적인' 모습을 취할 때, 겉으로 표현은 하지 않을지라도 이미 마음속에는 쉽게 가라앉지 않는 분노와 불안감이 생긴다. 이들은 주변 사람들에게 온정을 베풀거나 돕거나 물질로 나눌 줄을 모른다.

이들은 또한 자신의 소유물을 한 번 잃으면 다시는 되찾을 수 없을 것처럼 행동한다. 많은 강박성 성격자가 빈번하게 보이는 임상적 특징 중의 하나가 물건을 쉽게 버리지 못하고 쌓아두는 것이다. 남들의 눈에는 별 가치가 없는 무용지물처럼 보이지만, 낡고 오래 되어 더 이상 쓸모가 없는 헌 가구나 장신구도 이들에게는 나름대로 소중한 가치를 지닌 것처럼 여겨진다. 여전히 어딘가에 쓸모가 있을 것 같고 그대로 버렸다가는 나중에 큰 후회를 하게 될 것 같으니까 계속 쌓아두게 된다. 특별히 자기 소유물에 집착하는 절약적 강박 성격자가 이와 같은 성향을 현저하게 보인다.

밀론은 이들이 사람들과 냉담한 거리를 유지하며 자기 소유물에 집착하는 이유가 자기 내면의 공허함을 감추기 위함이라 하였다. 자신의 능력이나 그동안 자신이 성취해온 것에 대해 자신감이 없다. 자신감은커녕 대개의 경우 따뜻한 격려와 인정과 수용을 경험하지 못하고 자라왔기 때문에, 이들 마음속에는 뿌리 깊은 열등감이 자리 잡고 있는 경우가 많다. 사람들은 누구나 스스로의 존재감과 가치감을 느끼기 어려울 때, 그 빈자리를 대신 채워줄 그 무언가를 찾으려는 자기보상적인 노력을 기울이게 된다. 강박성 성격장애에서 나타나는 많은 특성이 이와 맥락을 같이 하며, 특별히 절약적 강박 성격의 경우 자신의 소유물이 마음의 공허한 빈자리를 대신 채워주고 삶의 안정감을 공급하는 근원이 된다. 자신의 소유에 집착하다 못해 인색함마저 보이지만, 역설적이게도 이들의 내면에는 자기 존재의 가치를 뿌듯하게 느끼도록 해줄 만한 것을 소유하지 못한 공허감이 깊게 자리 잡고 있다. 절대적인 빈곤이 삶을 불행하게 만들 수 있지만, 풍성한 소유가 무조건적인 행복을 장담해주지도 않는다. 에리히 프롬Erich Fromm이 그의 유명한 저서 『소유냐 존재냐To have or to be』(1976)에서 분석하였

듯이 '소유to have'보다는 '존재to be'가 인간에게 보다 깊은 안
정감과 의미와 행복을 느낄 수 있는 삶의 기반을 제공한다. 하
지만 존재에서 가치와 의미를 찾을 수 없을 때, 사람들은 소유
를 향해 눈과 마음을 돌리게 된다. 절약적 강박 성격은 이와
같은 심리 작용의 극명한 예를 보여준다.

(5) 혼돈된 강박 성격(The Bedeviled Compulsive)

이제 마지막으로 살펴보려는 강박성 성격의 유형은 '혼돈
된 강박 성격'이다. 이들은 밀론이 제시한 모든 강박성 성격장
애의 하위유형 중 가장 극심한 심리적 갈등과 정서적 혼란을
겪는다. 이와 같은 갈등과 혼란이 이들 내면에 지속되는 이유
는 양가감정 때문이다. 한편으로는 외적인 기준과 규율을 따
라야만 한다는 당위성을 지각하지만, 다른 한편으로는 자기
를 내세우고 주장하고 싶은 욕구를 강하게 느낀다. 이러지도
저러지도 못하는 양가성 속에서 겉으로는 평온을 유지하는 듯
보이지만, 심층 내면에는 자기가 정말로 원하는 것이 무엇인
가, 그리고 자기 자신은 누구인가에 대한 의구심과 불안정감
이 소용돌이치고 있다.

이와 같은 양가성으로 인한 정서적 혼란과 고통이 지속될
때, 이들은 종종 자기처벌적인 성향을 보이기도 한다. 이 혼란
속에서 자신이 당위적으로 따르고 지켜야 할 권위, 규율 및 숭

고한 도덕적 가치를 잃어버리고, 부적절하고 비도덕적인 욕구에 의해 좌지우지되고 있다는 생각에 심한 불안감과 죄책감을 겪게 된다. 이로 인해 밀론은 혼돈된 강박성 성격을 지닌 사람은 스스로를 마치 헤어날 수 없는 마수에 사로잡힌 것처럼 느끼고, 또한 자신이 심리적으로 붕괴되어 가는 절박함을 느낀다고 하였다.

실제로 적응적인 심리기제의 붕괴로 정신병적인 증상을 겪는 환자의 경우, 그와 같은 문제가 시작되면서 강박적 성향을 전조적으로 나타내는 경우가 있다. 내면의 분노가 폭발할 것 같은 긴장을 느끼며, 점점 혼란스러워지는 자기 내면의 모습에 몹시 고통스러워한다. 이러지도 저러지도 못하는 양가적인 갈등이 점점 통제 불가능하게 느껴지고, 부적절한 일을 충동적으로 저지를 것 같은 긴장을 느끼며, 극히 자잘하고 세세한 사항에 '강박적으로' 집착하며 자신을 통제하기 위해 필사적인 싸움을 하는 것처럼 보이기도 한다. 이것은 결코 강박성 성격장애자가 정신병적인 증상을 겪을 가능성이 높다는 것이 아니다. 예를 들어, 조현병은 강박성 성격장애와는 전혀 다른 별개의 심리적·정신적 문제다. 그러나 밀론은, 혼돈된 강박성 성격의 경우, 심리 내적인 혼란과 정서적 고통의 수준이 보다 심한 정신병리에 준할 정도의 매우 부적응적인 양상으로 나타날 수 있다고 하였다.

이상 밀론이 제시한 강박성 성격장애의 하위유형들을 살펴보았다. 각 사람들이 개성을 가지고 있듯이, 강박성 성격장애 역시 천편일률적인 모습으로 나타나지 않는다. 성격특질들이 독특한 조합을 이루어 양심적, 청교도적, 관료주의적, 절약적, 혹은 혼돈된 양상의 강박성 성격으로 그 모습을 달리한다. 따라서 한 개인을 잘 이해하기 위해서는 그 사람을 하나의 진단명이 아닌 독특한 개인으로서 존중하고, 그가 겪어온 삶의 환경과 어려움 속에서 '어떻게 그와 같은 성격의 모양새가 형성될 수밖에 없었을까' 그 숨겨진 아픔을 공감적으로 바라봐야 한다. 물론 이 과정 가운데 강박성 성격이라는 심리적 문제가 나타내는 다양한 특성과 전체적인 패턴을 이해하는 것은 한 개인을 이해하는 데 아주 유용한 밑바탕이 된다. 독자 여러분은 이제 강박성 성격장애가 어떠한 특성을 가지고 있는 심리적 장애인지 전체적인 윤곽이 잡혔을 것이라 믿는다. 다음 절에서는 강박성 성격장애가 어떠한 역학적 특징을 가지고 있는지 살펴보기로 하자. ◆

6. 강박성 성격장애의 역학적 특징

　지금까지는 강박성 성격장애가 어떠한 심리적 문제인지 살펴보았다. 그렇다면 얼마나 많은 사람이 강박성 성격장애에 의해 영향을 받고 있을까? 강박성 성격장애는 어떠한 경과를 통해 발생하고 지속될까? 이번 절에서는 강박성 성격장애의 역학적 특징을 살펴보도록 하자.

1) 강박성 성격장애의 유병률

　미국정신의학회의 『정신장애의 진단 및 통계 편람-제5판 DSM-5』(2013)에 의하면, 전체 인구 중에 강박성 성격장애의 진단기준을 충족시키는 사람은 대략 2~8%에 해당한다. 역학 조사 연구결과를 종합하면 대체로 일반인 중에는 1~2%, 임상장면에서는 3~10%의 사람이 강박성 성격장애로 진단을 받는다(Pinto et al., 2008). 한 연구에서는 정신과 입원 환자의 경우 강박성 성격장애의 유병률이 약 23%에 달한다고 보고하기도 하였다(Coid et al., 2006). 유병률의 정확한 수치를 제시하기 어려운 이유는, 연구자들이 진단을 위해 사용한 도구와 수집된 연구의 표본을 비롯하여 연구방법에 차이가 있기 때문이다. 그럼에도 이 수치들을 종합할 때, 진단이 가능한 수준의 강박성 성격장애가 우리 주변에 그리 드물지 않다는 것을 알수 있다. 진단기준의 역치에는 미치지 못하나, 여전히 현저한 강박성 성격특징을 가지고 있는 사람들까지 고려하면 그 비율은 보다 더 높을 것이다.

2) 강박성 성격장애의 성차

강박성 성격장애에 성차가 있을까? 여성보다 2배 가까이 많은 남성이 강박성 성격장애의 진단을 받는다는 연구결과가 있다(Torgersen et al., 2001). 그 외에도 남성에게 유병률이 더 높다고 보고한 추가적인 연구들이 있다(Coid et al., 2006). 그러나 강박성 성격장애의 발생에 유의미한 성차가 없다고 보고한 연구자들도 있다(Grant et al., 2004). 따라서 강박성 성격장애가 성별에 따라 어떠한 유병률의 차이를 보이는지에 대해서는 추가적인 연구가 필요하다. 그러나 현재까지의 결과의 패턴을 종합할 때, 전체 인구의 약 2~8%의 사람이 강박성 성격장애를 경험하며, 이들 간에 유의미한 성차가 만약 존재한다면 여성보다는 남성이 강박성 성격장애로 진단받을 가능성이 높아 보인다.

3) 강박성 성격장애의 경과

강박성 성격장애는 대부분의 경우 성인기 초기에 발병하는 것으로 여겨지지만, 이미 그러한 성격특성의 일부를 아동기 시절부터 나타내는 경우가 많다(Pinto et al., 2008). 세 살 버릇 여든까지 간다며 성격은 평생 변하지 않을 것이라고 말하는 사람들도 있다. 과연 아동기와 청소년기에 나타나기 시작하는 성격장애적인 특성이 평생을 통해 발전되고 유지될까? 이것은 매우 중요한 질문이지만, 이에 답할 수 있는 객관적인 연구 자료가 부족한 실정이다. 한 연구(Bernstein et al., 1993)에서는 9세에서 19세 사이의 청소년 733명을 대상으로 임상면접 자료를 수집하여 2년 동안 종단적 추적 연구를 실시하였다. 흥미로운 결과는, 이 연구의 표본 중에서 강박성 성격장애가 가장 유병률이 높은 성격장애 진단(13.5%)으로 조사된 것이다. 또한 강박성 성격장애를 비롯하여 대부분의 성격장애가 우울증과 같은 다른 심리적 장애의 발생이나 사회적 기능의 손실과 유의미한 상관관계를 보였다. 이 연구는 청소년기에도 강박성 성격장애가 발현될 수 있다는 근거를 제시한다. 하지만 다른 연구자들 중에는 강박성 성격장애의 유병률이 청소년기에 매우 미미함을 보고한 경우들도 있다(Chabrol et al., 2002; Lewinsohn et al., 1997). 강박성 성격장애적인 특질이 청소년기나 성인기 초기부터 존재한다는 점에는 이견이 없지만, 진단 가능한 병리적 수준의 강박성 성격장애의 청소년기 유병률에 대해서는 좀 더 체계적인 대규모 연구가 필요한 것으로 보인다.

그렇다면 성인기 강박성 성격장애의 경과는 어떠할까? 누적되는 연구결과들은 통념처럼 강박성 성격장애가 모든 사람에게 평생 지속되는 것은 아니라는 자료를 제시하고 있다. 한 연구에서는 DSM-IV(1994)에 근거하여 강박성 성격장애로 진단받은 개인들 중에 58%가 12개월 후에 더 이상 진단기준을 만족시키지 않았다고 보고했다(Shea et al., 2002). 또 다른 연구자들은 24개월간의 종단 추적 연구 결과, 강박성 성격장애로 진단받았던 개인들의 회복률이 38%에 달한다고 하였다(Grilo, Sanislow et al., 2004). 이는 강박성 성격장애를 가지고 있는 개인들에게는 참으로 희소식이 아닐 수 없다. 하지만 한편으로는 강박성 성격장애가 매우 '안정적으로' 유지되며, 연수가 지남에 따라 보다 악화된다고 보고한 연구자들도 있다

(Devanand et al., 2000; Ullrich & Coid, 2009).

종합해볼 때, 강박성 성격장애가 어떻게 발생하고 유지되는지 그 경과를 정확하게 파악하기 위해서는 보다 많은 연구자료가 요구되는 실정이다. 심리학과 정신의학 분야의 지속적인 발전에도 불구하고, 다양한 심리적 · 정신과적 문제들 중에 성격장애는 신뢰롭고 타당한 진단을 내리기 가장 어려운 문제들로 분류된다. 각 연구자들이 사용하는 상이한 연구방법론과 연구 표본들도 비일관적인 연구결과에 기여한다. 또 한 가지 중요한 가능성은, 강박성 성격장애의 여러 가지 특성 중에 좀 더 시간의 흐름 속에서 안정적으로 유지되거나 혹은 좀 더 가변적인 것들이 있을 것 같다. 이들이 보이는 경직성은 매우 핵심적인 증상으로 좀처럼 변화하지 않지만, 인색하거나 도덕주의적인 행동은 시간의 흐름 속에서 좀 더 가변적인 것이라 보고한 연구결과들도 있다(Grilo, Sanislow et al., 2004; Grilo, Skodol et al., 2004). ◆

강박성 성격장애는
왜 생기는가

2

이 장에서는 강박성 성격장애를 이해하기 위해 좀 더 이론적인 접근을 시도하려 한다. 강박성 성격장애를 설명하는 주요 심리학적 이론에 어떠한 것들이 있는지 살펴보자. 이론적 동향에 따라 강박성 성격장애를 이해하는 방식에 의미 있는 차이가 있기 때문에, 다양한 이론들을 고려하는 것은 그만큼 이해의 폭을 넓히는 데 유용할 것으로 기대된다. 모든 이론을 다룰 수는 없지만, 그동안 학계에서 주목받아온 대표적인 강박성 성격장애의 이론을 간략하게 살펴보자.

1. 정신분석 이론

정신분석 이론은 부모의 엄격하고 지배적이고 압도적이며 과통제적인 태도로부터 기인한 아동기의 심리적인 갈등이 그와 같은 성격 패턴이 형성되는 밑바탕이 된다고 분석한다. 실제로 강박적인 아동의 부모가 과도하게 통제적이고, 비공감적이며, 아동의 감정에 부정적인 반응을 보인다는 보고도 있다 (Adams, 1973). 이와 유사하게, 살츠만Salzman에 의하면 강박성 성격장애를 가진 개인들은 자기 자신과 주변 환경을 통제하는 것에 과도하게 집착하는 경향이 있는데, 이것이 내적인 무기력감에 대한 반응이라고 하였다(Salzman, 1973). 요컨대, 지나치게 통제적이고 압도적인 부모 밑에서 성장하면 통제에 대한 욕구와 자율감이 상실되고, 이에 대한 자기 보상적 반응으로 통제감을 획득하기 위한 과도한 집착이 일어난다는 이론이다.

프로이트Freud는 1900년대 초에 강박성 성격장애에 대해 기술하면서, 이것을 "항문기적 성격anal character"이라고 칭하였다. 프로이트의 심리성적 발달 단계에서 항문기는 배변 훈련과 이에 대한 통제의 노력과 갈등이 일어나는 시기다. 정신분석가들은 항문기의 배변 훈련과 연관되어 고조되는 통제감에 대한 갈등이 강박성 성격의 발생과 밀접한 관련을 맺고 있다고 보았다(Kline, 1968). 프로이트는 강박성 성격자에게 주요한 3가지 항문기적 성격특성이 나타난다고 하였다. 질서정연함, 인색함 그리고 완고함이 바로 그것들인데, 이와 같은 항문기적 성격의 요소들은 현대의 강박성 성격장애를 진단하는 기준(APA, 2013)에서도 핵심적인 성격특성으로 자리 잡고 있다.

아브라함Abraham은 프로이트의 이론의 흐름을 연장하여, 강박성 성격자가 정리정돈하고, 사물을 대칭으로 맞추며, 리스트를 작성하고, 체계적으로 정리하고 계획하는 활동 등을 통해 쾌감을 얻는다고 하였다(Abraham, 1927). 활동 그 자체보다도 오히려 이를 계획하는 과정이 이들에게 더 큰 즐거움을 주기 때문에, 때로 작업을 미완성으로 남겨둔다고 하였다. 이외에도 아브라함은 강박성 성격자가 내면에 강한 양가감정을 가지고 있기 때문에, 겉으로 질서정연하고 잘 정돈되어 있는 것 같지만 실제로는 이것이 무질서함을 은폐하기 위한 것이라고 하였다. 또한 강박성 성격자가 자신의 물건을 버리기 어려워하며 소유물에 집착하는 것에서 쾌감을 느끼고, 대인관계

에서 비수용적이고, 통제적이며, 비판적인 경향을 지닌다고
기술하였다.

보다 후기에 라도Rado는 강박성 성격에 잠재된 상충되고 양
가적인 갈등에 대해 심층적인 정신분석 이론을 제시하였다
(Rado, 1974). 강박성 성격자는 대인관계에서 지각력이 있는
듯하나, 한편으로는 매우 비판적이고 가학적인 성향을 보인
다. 또한 불만이 겉으로 표출되는 것을 억제하지만, 내면에서
는 오랫동안 곱씹으며 분노감을 지니고 있다. 자율성을 추구
하지만, 한편으로는 타인의 애정과 보호를 구하기도 한다. 이
러한 상충된 갈등의 모습에 근거하여, 강박성 성격장애의 기
저에는 반항적인 분노감이 억압되어 있다고 하였다.

샤피로Shapiro는 본래 정신분석가로 훈련을 받았지만, 그의
강박성 성격에 대한 이론은 인지적인 모델에 보다 더 가깝다
(Shapiro, 1965). 그러나 샤피로도 정신분석적인 초자아의 개
념을 통해 강박성 성격에 대해 설명하였다. 프로이트의 이론
에 따르면 초자아는 아이가 성장하면서 부모의 도덕적 가치관
을 내재화한 것이다. 초자아는 도덕과 윤리적인 측면을 판단
하는 심리적 주체가 되며, 무의식적인 충동과 욕구로 가득 찬
원초아와 대조를 이루게 된다. 샤피로는 강박성 성격자의 초
자아가 지닌 가혹함에 주목하였다. 강박성 성격에서는 가혹한
초자아가 자아 기능과 적절하게 통합을 이루지 못하게 된다.

결과적으로 초자아는 자연스러운 욕구와 감정을 억제하고, 과도한 책임감과 도덕주의적이고 완벽주의적인 태도를 강요하게 된다. 이는 결과적으로 자신의 감정, 욕구 및 행동을 비롯하여 삶의 전반을 위축시키는 과도한 자기 통제의 모습으로 나타나게 된다.

요컨대, 정신분석의 이론가들은 강박성 성격의 근본적인 심리적 문제로서 통제에 대한 강렬한 보상적 욕구와 그 상실에 대한 두려움, 억압된 분노 감정, 순응과 반항의 양가적인 갈등 등에 주목하였다. 대체로 이러한 이론들은 이를 지지하는 경험적인 연구의 근거와 자료는 미흡하지만, 개념적·이론적 수준에서 여전히 상당히 흥미로우며 임상적인 관찰과 전반적으로 일치하는 통찰력 있는 설명을 제공한다. ◆

2. 인지적 이론

정신 병리의 인지적 이론이 가지고 있는 대전제는 개인이 가지고 있는 역기능적인 사고방식과 신념이 부적응적인 감정과 행동을 초래한다는 것이다. 그렇다면 강박성 성격장애의 기저에는 어떠한 역기능적인 사고 양식이 자리 잡고 있을까? 다수의 이론가들이 강박성 성격의 인지적 기제에 대한 이론을 제시하였다. 우선 앞서 1장에서 자세히 살펴본 바와 같이, 샤피로는 강박성 성격 기저에 자리 잡은 3가지 부적응적인 인지 양식을 기술하였다. 인지적 경직성과 편협한 주의, 과도한 통제 욕구와 왜곡된 자율감, 지엽적 사항에 대한 집착으로 인한 현실감의 상실이 바로 그것들이다. 강박성 성격장애에 대한 보다 근래의 인지적 이론은 프리맨Freeman과 벡Beck으로 대표되는 인지 이론가들의 저술에 잘 정리되어 있다(Freeman et al., 1990; Beck et al., 2004).

벡과 동료들의 인지 이론은 강박성 성격장애 기저에 많은 인지적 왜곡과 역기능적인 신념이 자리 잡고 있다고 제시한다. 예를 들어, 모든 상황을 모 아니면 도 혹은 흑 아니면 백으로 보는 이분법적인 사고 경향, 사소한 실수의 결과도 과대 확장하여 두려워하는 파국화 사고의 경향, 사소한 일도 반드시 해야만 한다고 믿는 도덕주의적인 사고 경향, 자신이 옳다고 생각하는 것만 취하고 다른 모든 정보에 귀를 닫아버리는 편협한 선택적 사고의 경향들이 이들에게서 강하게 나타난다.

특별히 이들의 완벽주의적이고 도덕주의적인 성격특성의 배후에는 흑백논리라는 강력한 인지적 오류가 자리 잡고 있다. 이는 이분법적 사고 경향으로, 상황을 극단적인 흑과 백의 하나로 바라보는 것이다. 우리 삶에서 일어나는 많은 일이 중간의 회색지대에 속한 것들이 많다. 완벽하게 도덕적인 것도 완벽하게 비윤리적인 것도 찾기 어렵고, 많은 것이 중간지대에 속해 있다. 그러나 흑백논리의 관점에서는, 과제를 100% 오류 없이 완벽하게 완수했다면 성공이고, 조금이라도 오류가 있어 100%의 기준에 미달했다면 이것은 영락 없는 실패작이다. 90%나 80%의 성공 같은 것은 이들에게 어불성설이다. 벡은 이와 같은 흑백논리의 사고 경향이 그들의 인지적 경직성이나 완벽주의적인 생각들, 실패에 대한 두려움에서 비롯되는 과제 지연 행동들을 초래한다고 하였다. 때로 강박성 성격장애자가 과도한 억제에 집착하다 그 끈이 느슨해지는 순간에 감정을 폭발시키고 충동적으로 행동하는 경우에도, 흑백논리적인 사고 경향이 그 밑바탕에 잠재되어 있다. 완벽한 통제력을 발휘해야 하는데 빈틈이 생기기 시작할 경우, 이미 통제력을 완전히 상실한 것과 별반 다르지 않은 것으로 여겨지기에 통제의 끈을 완전히 놓아버리는 자포자기적인 행동이 뒤따르는 것이다. 흑백논리 혹은 이분법적인 사고는 이들이 100%의 완벽을 추구하게 만들며, 90%의 성공을 향유할 수 있는 여유를 앗아가 버린다. 이들에게는 100%의 성공과 0%에서 99%까지의 실패 단 2가지만 존재하기 때문이다.

인지 이론가들은 또한 "반드시 해야만 한다should~, must~"는 수많은 당위적인 생각들이 이들에게 과도한 책임감을 부여하고, 또한 개인적인 욕구와 감정을 억제하게 만든다고 강조하였다. 이들은 당위가 없이는 지내지 못한다. 일반적으로 당위의 준거는 일종의 도덕주의적인 법칙들이다. 강박적인 사람은 도덕이 별로 관련되지 않는 상황에서도 도덕적 원칙을 고려한다. 예를 들면, "과자를 500원짜리를 사먹느냐 아니면 1,000원짜리를 사먹느냐"와 같은 사소한 문제를 놓고도 검약정신과 사치의 문제, 보다 심각하게는 윤리성에 대한 고민까지 나아갈 수 있다. 또한 이들은 상황에의 적절성, 관습적인 가치, 상사의 기대 등 도덕적인 가치와 관련이 없는 상황에서

도 절대적인 의무나 당위성을 지각하며 당위라는 짐을 스스로
짊어지게 된다. 하지만 당위는 짐인 동시에 그들에게 예측 가
능하고 의지적인 방식으로 통제감을 얻을 수 있는 통로가 되
기에 그들이 쉽게 내려놓지 못한다.

　벡과 동료들은 또한 마술적인 사고가 강박성 성격장애에
나타나는 중요한 인지적 오류라고 하였다. 예를 들어, '실수
나 파국적인 결과에 대해서 계속 걱정을 하면 이것들을 예방
할 수 있을 것이다'는 믿음은 명확히 오류적이다. 혹은 '완벽
하게 안전하고 정확한 방법이 보이지 않는다면 아예 그 일을
전혀 하지 않는 것이 낫다'는 생각도 매우 부적응적이다. 이는
실수에 대한 두려움으로 인해 작업을 지연시키거나 지엽적인
사항들에 발목이 잡혀 과제를 미완성으로 중도에 포기하고 마
는 결정적인 원인을 제공한다.

　벡과 동료들은 이러한 오류적인 생각들과 더불어, 보다 심
층적으로 다양한 역기능적인 인지도식이 강박성 성격장애의
뿌리에 자리 잡고 있다고 제안하였다. 다음은 강박성 성격장
애자가 가지고 있는 역기능적인 신념의 예들이다.

- 어떠한 대가를 치르더라도 모든 실수를 방지해야만 한다.
- 모든 상황에는 단 하나의 올바른 방법이나 해답이 있다.
- 실수는 견디어낼 수 없는 것이다.

• 하나라도 완벽하게 옳지 않으면, 자동적으로 그것은 다
  틀린 것이다.

벡의 인지 이론에 따르면, 개인은 이러한 역기능적인 인지
도식을 다루기 위해서 다양한 책략을 사용하는데 그와 같은 노
력이 결국 강박성 성격장애를 특징짓는 증상이 된다. 예를 들
어, 실수를 모면하기 위해 과도하게 신중하고, 모든 세부 사항
에 주의를 기울이며, 정해진 기준과 규칙에서 이탈하지 않으려
안간힘을 쓴다. 벡의 인지 이론은 강박성 성격장애자가 가지고
있는 목표는 단순히 실수를 줄이는 것이 아니라, 완전히 실수
를 제거하는 것이라고 하였다. 그렇기에 이들은 과도하게 자기
자신과 주변의 환경을 통제하려고 한다. 완벽한 통제를 이루는
것만이 실수를 완전히 제거하는 길이기 때문이다.

요약하자면, 인지 이론은 강박성 성격장애의 기저에 자리 잡
은 수많은 역기능적이고 오류적인 생각과 신념이 어떻게 개인
의 감정과 행동을 그와 같은 부적응적인 양상으로 몰아가는지
에 대해 매우 유용한 설명을 제공한다. 강박성 성격장애를 비
롯해 성격장애 전반에 대한 인지적인 이론과 치료적 접근에 대
해 더 자세히 알고 싶은 독자에게 벡과 동료들(2004)의 저서를
추천한다. 이 책은 민병배, 유성진(2008)에 의해 『성격장애의 인
지치료』라는 제목으로 국내에 번역본이 소개된 바 있다. ❖

3. 대인관계적 이론

　대인관계적 이론은 성격장애의 발생과 유지를 설명하기 위해 주요한 인간관계에서 일어나는 결핍과 갈등에 주목한다. 설리번Sullivan은 강박성 성격장애의 가장 핵심적인 문제는 자존감의 결핍이라고 하였다(Sullivan, 1956). 그는 강박성 성격장애자의 성장 배경이 분노와 미움으로 점철되어 있지만, 이 관계 속에서 핵심적인 갈등이 피상적으로 오가는 애정의 언어를 통해 은폐된다고 하였다. 결과적으로 이들이 성숙한 정서적 · 대인관계적 기술을 습득하지 못하고, 자신의 모습이 드러날까 두려워 친밀한 관계를 회피하게 된다고 제안하였다.

　벤저민Benjamin은 강박성 성격장애의 질서정연함, 실수에 대한 공포, 과도한 자기 통제와 비판, 경직된 행동과 같은 특성들이 매우 냉담하고 비공감적이며 과통제적인 부모와의 관계 속에서 형성된다고 하였다(Benjamin, 1996). 부모는 또한 자녀에 대해 비현실적으로 높은 기대를 가지고, 늘 원리원칙적으로 행동할 것을 강요하며, 격려하고 칭찬하기보다는 실수에 대해 늘 가혹하게 처벌하는 경향이 있다고 하였다. 결과적으로 아이들은 이러한 부모의 성향을 동일시하고 내면화하여 강박성 성격특성을 강화해나가게 된다.

성장하는 아이들에게 가장 중요한 환경은 부모와의 관계다. 대인관계적인 이론들은 부모의 과통제적·압도적·비공감적·독단적 태도로 특징 지어지는 가족 환경이 어떻게 강박성 성격의 형성에 기여하는지에 주목한다. 이러한 측면에서 강박성 성격에 대한 대인관계적인 이론은 정신분석적 이론과 많은 유사성을 지닌다. ◆

4. 생물사회적 학습이론

밀론Millon의 생물사회적 학습이론(Millon & Davis, 1996;
Millon & Everly, 1985)은 개인의 강박성 성격특성이 현재의 사
회적 모습 속에서 어떻게 형성되고 영속되는지 설명한다. 밀
론에 따르면, 강박성 성격장애는 가정 내 부모와의 관계를 통
해서 사회적으로 학습되고, 환경의 강화와 보상을 통해 지속
되게 된다. 밀론은 강박성 성격장애가 순종과 저항의 양가적
인 갈등을 반영하는 것이라고 하였다.

밀론의 이론은 강박성 성격장애가 형성되는 데 기여하는
몇 가지 중요한 요인을 제시한다.

첫째, 부모의 과도한 통제적 태도가 강박성 성격의 형성에
결정적 영향을 미친다. 과잉통제적인 부모는 통제의 수단으로
조건적인 처벌을 이용한다. 아이들이 기대에 못 미치거나 기
준에 어긋나는 행동을 했을 때, 자녀를 선택적으로 처벌한다.

반면에, 이들은 아이들의 긍정적인 행동에 대한 칭찬과 강화와 보상에는 매우 인색하다. 결과적으로 아이들은 처벌을 모면하기 위해 '무엇을 하지 말아야 하는지'에 온 신경을 집중하게 되고, 부모가 강요하는 규칙과 규율을 준수하는 것을 학습하며 성장한다. 밀론은 아이들이 처벌만을 경험하며 성장했기 때문에, 하지 말아야 할 것이 무엇인지에만 익숙하며, 자신이 무엇을 해야 하는지 혹은 무엇을 할 수 있는지에 대해서는 무지한 상태가 되어버린다고 하였다. 이러한 환경 속에서 아이들은 처벌을 회피하고 인정받기 위해서, 기준이나 원칙에 집착하고 실패를 두려워하고 조바심내는 사람이 된다.

한 내담자는 자신의 아버지에게 한 번도 칭찬을 받아본 적이 없다고 회상했다. 그는 어린 시절에 칭찬을 받고 싶은 심정에 마당과 집 앞을 열심히 쓸곤 했다. 그러나 아버지가 그러한 마음을 알아주기는커녕 청소하다 부러진 빗자루에 대해서 심히 나무라기만 한 기억이 여전히 상처로 남아있다. 잘못한 것과 모자란 것에 대한 선택적인 처벌방식, 이것은 강박적인 사람의 부모에게서 보이는 과잉통제적 태도의 핵심이다. 밀론은 처벌적 절차에 근거한 부모의 과잉통제는 아이들의 행동에 명확한 한계를 설정해주는 강압적인 훈육방법이라고 하였다. 부모의 승인된 경계 내에서만 행동하는 한, 아이들은 부모의 비판과 정죄로부터 안전한 것이다. 과잉통제적인 태도는 고도로 효과적인 '훈련' 방법으로 인정될 수 있을지는 모르지만, 아이들을 기준과 원칙에 집착하고, 실패를 두려워하며, 자신을 비관하고, 만족감을 느낄 수 없는 강박적인 사람으로 성장시킬 가능성을 다분히 안고 있는 것이다.

둘째, 아이들은 강박적인 부모의 강박적 행동을 모방하여 강박성 성격의 특성들을 학습해나간다. 규칙을 스스로에게 철저히 적용하고, 부모가 나타내고 강조하는 '적절한' 행동을 모방한다. 아이들은 또한 부모의 비수용적이고 처벌적인 태도를 학습하여 내재화한다. 밀론은 이를 통해 아이들이 '착하고 성숙한' 순응적인 자녀로서의 자아상을 형성하지만, 다른 한편으로는 타인의 미성숙이나 무책임을 신랄하게 비판하는 처벌적 태도를 또한 학습한다고 하였다.

셋째, 부모의 과잉통제적 훈육을 받는 과정에서 아이들은 자율성을 상실하게 된다. 스스로 생각하고 선택하거나 대안을 찾아낼 수 있는 능력을 잃고, 주어진 규칙과 틀 안에서 원리원칙주의적으로 행동하는 것이 유일한 생존 방법이라고 학습하게 된다. 이는 강박성 성격의 주요한 특징인 사고와 행동의 경직성을 형성하게 된다. 이와 같은 환경 속에서 필사적으로 적응하려는 개인들에게 경직성은 극히 자연스러운 생존 방략이라고 볼 수도 있다.

넷째, 강박성 성격자의 가정환경은 타인에 대한 책임감을 과도하게 강조하고, 이를 따르지 못할 때 죄책감을 느끼도록 훈육한다. 항상 점잖고 성숙하고 책임감 있는 행동을 하도록 강요받고, 이러한 규율과 규칙들을 무조건적으로 따라야 한다고 배운다. 이와 같은 과정에서 아이들은 가혹한 자기비판적 태도를 획득하며, 사소한 실수도 얼마나 무책임하고 끔찍한 일인가를 주입받으며 성장한다. 밀론에 따르면, 죄책감은 과잉통제적 부모가 아이들의 반항적 행동을 통제하기 위해 사용하는 정서적 수단이다. 규칙과 의무와 책임을 다하지 못할 경우, 그 불충과 불손에 대한 죄책감에 사로잡히도록 질책을 당한다. 이와 같은 죄책감으로 인해 분노감은 자신을 향해 전환되고 억압되어 스스로를 비난하고 닦달하게 된다.

이상은 강박성 성격장애의 형성에 기여하는 요인으로 밀론이 제시한 것들이다. 이와 더불어 밀론은 강박성 성격장애가 자기영속적인 악순환에 빠지게 만드는 요인들을 제시하였다.

첫째, 삶 전반의 경직성이 강박성 성격장애를 지속시킨다. 경직성으로 인해 상황을 흑과 백의 극단으로 바라보고, 익숙한 일상과 원리원칙에만 집착하려는 극단적 소극성과 방어적 태도를 보이게 되며, 새로운 정보나 관점을 거부하게 된다. 심리적·행동적 변화의 시작은 언제나 자신의 생각과 행동을 열린 마음으로 통찰하고 새로운 관점을 건설적으로 수용하는 데에서 시작한다. 따라서 그들의 삶 전반에 퍼져 있는 경직성이 강박성 성격장애의 핵심적인 특징일 뿐 아니라, 또한 이 문제를 결정적으로 지속시키는 과정임에 의심의 여지가 없다.

둘째, 죄책감과 자기 비판적 태도가 또한 강박성 성격장애를 지속시킨다. 아동기에는 고압적이고 비판적인 과잉통제적인 부모가 이들을 속박했지만, 이제는 부모의 목소리가 내면화되어 자기 자신을 향한 비판과 죄책감이 이들을 무자비한 양심의 지배하에 살아가도록 만든다.

셋째, 수많은 규칙과 제약들 또한 이들의 강박성 성격 패턴의 지속에 기여한다. 대부분의 사람이 규칙과 제약을 일종의 필요악으로 간주하고 보다 자율적인 삶의 양태를 선호하나, 강박성 성격자는 규칙이 명확하게 정의되어 있는 환경에서 자신을 통제하며 살아가려 한다. 그러나 규칙과 규율에 대한 집착은 새로운 환경을 학습하고 융통성 있게 세상을 바라볼 기회를 앗아간다. 이들은 규칙과 제약에 집착함으로써 내적인 충동을 통제하고 삶의 안정감을 획득하려 하지만, 유연성이 결여된 원리원칙주의는 자율적이고 효율적인 삶을 영위할 수 없도록 만든다.

이 장에서는 정신분석 이론, 인지적 이론, 대인관계적 이론, 생물사회적 학습 이론을 중심으로 강박성 성격장애를 설명하는 이론들을 살펴보았다. 이외에도 생물학적 이론을 비롯

하여 다양한 이론이 존재하지만, 모든 이론을 이 책에 다 소개
하려는 것은 '강박적인' 욕심일 듯하다. 개인마다 상이한 생
물학적·유전적 소인을 가지고 태어나고, 복잡한 인지와 정
서의 발달 과정을 거치며, 주변 환경과 복잡한 상호작용을 하
고 살아가기 때문에, 어떤 심리적인 문제에 대해서도 단순히
몇 가지 요인으로 그 원인을 명확하게 단정지어 설명할 수는
없을 것이다. 마찬가지로 강박성 성격장애 역시 매우 복잡하
고 다양한 원인이 상호작용함으로써 발생하고 유지되는 심리
적 문제로 보아야 할 것이다. 따라서 이 장에서 소개한 것과
같이 다양한 이론을 통해 강박성 성격장애를 조명하는 것은
그 이해의 폭을 넓히고 치료의 함의점을 찾기 위해 매우 중요
한 일이라고 여겨진다. 이제 이 책의 마지막 장에서는 강박성
성격장애와 결부된 다양한 어려움을 극복하기 위해 어떻게 해
야 할지 생각해보도록 하자. ◈

강박성 성격장애를
어떻게 치료할 것인가

3

1. 치료의 전반적 지침

1) 치료적 관계 형성하기

치료적인 관계를 형성하려면 무엇보다도 환자가 가장 고통스러워하는 부분에 초점을 맞추는 것이 효과적일 것이다. 누구라도 자신의 아픔에 귀 기울여주는 사람에게 마음을 열고 의지하고 싶은 마음을 가질 테니 말이다. 이런 의미에서 우선은 강박성 성격장애 환자가 치료장면에서 제시하는 문제가 어떤 것인지, 이들이 치료장면에 찾아오도록 만든 동기는 어떤 것인지를 파악하는 것이 중요하다.

진정한 의미의 성격장애 환자라면 자신의 성격 자체에 대한 불편감을 호소하며 "내 성격 좀 고쳐 주세요!"라고 말하지 않을 것이다. 종종 강박성 성격장애 환자가 제기하는 주요 문제는 불안감이나 우울감이고 때로는 신체 증상인 경우도 있다.

이들은 자신이 정말로 괴로워하고 있는 부분이 어떤 부분인지 실제로 잘 인식하지 못하고 있을 수 있으며, 인식한다고 하더라도 이를 인정하려 하지 않을 것이다. 이들은 치료장면에 찾아왔더라도 가능하면 자신을 공개하지 않으려 하고, 자신이 무엇을 느끼고 있는지 자신의 진솔한 감정이 어떠한 것인지는 감추려고 할 것이다. 다시 말해, 이들은 의식적으로나 무의식적으로나 환자의 역할을 거부하려고 한다는 것이다.

치료자와도 시선 접촉을 회피하면서 힐끔힐끔 쳐다보는 정도로만 바라보려고 할 수 있다. 때로는 속삭이듯 웅얼거리면서 치료자가 알아듣기 어렵게 말함으로써 치료에 몰입하기를 기피할 수도 있다. 치료자가 하는 말을 듣기는 하지만 집중하지 않으며, 알아듣지 못한 듯 다시 한 번 이야기해달라고 요청할 수도 있다. 듣기는 하되 목소리만 들을 뿐 내용은 그대로 흘려보내는 것이다.

그러면서도 이들은 자신이 치료에 무성의한 태도로 있지 않거나 딴청을 부리지 않는 것처럼 보이는 데 매우 능하다. 이야기를 듣는 것처럼 보이지만 듣지 않고, 속내를 이야기하는 것처럼 보이지만 속이 빈 메시지를 전달하는 것이 이들의 주특기다. 질문에도 명확하게 응답하지 않고 치료에의 참여를 최소화하면서, 속으로는 전체 의사소통을 자신이 통제하고 있다고 생각하며 쾌재를 부르고 있을지 모른다.

이들이 치료에 저항하는 주된 방법 중의 하나는 침묵이다. 이들은 어떤 '치료자'보다도 침묵을 오래 견딜 수 있다. 따라서 이들을 치료하기 위해서는 침묵을 잘 견딜 수 있어야 하며, 이러한 침묵을 어떻게 다룰 것인지에 대해서도 잘 준비되어 있어야 한다. 이들의 침묵은 '나는 내 감정을 절대로 당신에게 노출하지 않겠소'라는 의미로 해석할 수 있다. 이들은 수동적으로 환자 역할을 거부하면서, 여하한 자발적인 감정 표현이나 행동도 하지 않으려고 한다. 이들이 한편으로 원하면서도 다른 한편으로 몹시 꺼리는 자발적인 행위나 감정은 침묵의 베일 속에 가려져 있다고 볼 수 있다.

침묵은 이들이 치료자에게 저항하는 주요한 방법이지만, 이것이 효과적으로만 이용된다면 이들 내면의 감정 세계로 파고들어 갈 수 있는 연결점이 될 수도 있다. 치료자에게서 "○○ 씨, 조용하시군요. 침묵하시는 동안 무슨 생각을 하셨나요?"라는 질문을 받게 된다면 이들은 아마도 "아무 생각 없이 그냥 기다렸는데요"라며 질문을 회피할 것이다. 그러나 이러한 회피는 그대로 수용되어서는 안 되며, 내면에서 어떠한 자발적인 정서 과정이 진행되고 있는지 탐색해야 한다. 환자 스스로 침묵을 깨고 '자발적으로' 어떠한 행위를 취하게 하거나, 치료자가 침묵을 깼을 때는 그 침묵의 의미가 무엇이었는지 깊이 탐색하는 것이 좋다.

앞에서도 다루었지만, 이들은 순종과 반항의 깊은 골 사이에서 갈등하고 있는 사람이며 치료적 관계에서도 자신과 치료자를 경쟁 관계 속에서 바라보는 경향이 있다. 치료실을 들어오면서 먼저 "안녕하십니까? 지난 한 주는 어떻게 보내셨습니까?"라고 치료자에게 질문하면서 치료의 주도권을 잡으려고 할 수도 있다. 이는 치료에 적극적으로 개입하지 않고 변두리에 버티고 서서 치료를 뜻대로 이끌어감으로써 경쟁 구도 속의 주도성과 우위를 선점하려는 것을 의미하므로 자발성과는 다른 차원으로 구분하여 다루어야 한다.

이들은 치료장면을 포함하여 어디서도 섣불리 아무 말이나 내뱉지 않는다. 겉으로 한마디가 나오기까지 속에서는 무수한 생각이 전개되었을 법하다. 따라서 이들이 하는 말 하나하나, 동작 하나하나에 세세한 관심을 가지고 그 의미를 탐색할 필요가 있으며, 이를 통해 환자가 궁극적으로 '두려워하고 있는 것'이 무엇인지 드러내 다루어야 할 것이다.

부차적으로 치료의 초반에 환자와 분명하게 정하고 넘어가야 할 사항들이 있다. 바로 강박성 성격장애 환자에게 있어서 주요한 갈등 영역인 '돈과 시간'에 대한 것이다. 치료비와 치료 시간의 문제는 환자가 치료자와 흥정하도록 허용해서는 안 되는 중요한 문제다. 이들에게 치료란 또 하나의 무언가 달성

해야만 하는 것, 생산적이어야만 하는 것, 시간 낭비에 그쳐서
는 안 되는 것, 비용과 결과의 측면에서 효과적이어야만 하는
것으로 간주될 것이다. 이들은 치료비를 깎아달라는 요구가
거부되면 분노감을 느끼면서도, 정작 치료비를 깎아주면 죄
책감을 느낄 수 있다. 치료를 위해 지불하는 비용이 합리적이
지 못하다고 불평을 할 수도 있다.

비용과 관련하여 최소 투자에 최대의 이득을 보기 위해서
가능한 한 오랫동안 치료실에 머무르려고 할 수도 있다. 이럴
경우 그의 동기가 정말로 그러하다면 미리 약속된 시간이 다
되었을 때 어떻게 해서든 치료 회기를 마치는 것이 최선의 방
법이다. 이들은 경우에 따라서는 시간에 대한 조바심과 자신
의 후속 스케줄에 대한 걱정 및 집착으로 5분이나 10분 먼저
끝마치고 나가기를 원하는 경우도 있다. 이럴 경우에는 종료
시간까지 이들을 치료실에 붙잡아두는 것이 이들 자신의 굳어
진 일상적인 패턴에 도전하는 치료적 개입이 될 것이다.

강박성 성격장애 환자는 다른 어떤 환자보다도 시간과 비
용의 문제에 민감해하며, 이의나 불평을 제기할 가능성이 크
다. 따라서 그들의 이러한 반응에 휘말리거나 흥정에 빠지지
말고, 이를 적절한 치료적인 개입의 표적으로 삼는 것이 바람
직할 것이다.

2) 감정 이끌어내기

강박성 성격장애를 지닌 사람을 마주 대했을 때 치료적으로 가장 중요한 과제는 '생각'으로 겹겹이 둘러싸인 감정의 물꼬를 트는 일이라고 해도 무방할 것이다. 이들은 치료자가 감정 표현을 유도하여 내면의 양가감정을 포함한 정서적인 갈등을 다루려고 하면 '주지화된' 태도를 견지하면서 감정의 직면을 회피하려고 안간힘을 쓸 것이다. 또 치료자가 감정을 느끼고 표현하도록 유도할 경우 이들은 분노로 위장된 두려움이나 위협감을 나타낼 가능성이 크다. 더불어 반동적으로 더욱더 감정을 배제하고 철저하게 '생각'만을 이야기하려고 들 것이다. 따라서 치료의 흐름을 환자의 손에 맡겨버린다면 더없이 지루하고 단조로운, 하품만 연거푸 나는 시간이 되고 말 것이다.

자칫 잘못하면 치료장면이 말싸움이나 논리 싸움의 장이 되어버릴 수도 있다. 치료자는 우선 자신의 감정에 예민하게 반응하면서 자기 감정의 흐름을 치료의 안내자로 삼을 수 있는 능력을 배양해야 한다. 환자와 이야기하다 보니 왠지 모르게 짜증이 나고 답답해지고, 뭔가 헛도는 것 같고, 치료가 어떤 식으로 흘러가는지 모호해지고 무미건조한 느낌이 들 때가 있을 수 있다. 이러한 자기 감정이나 느낌을 단순히 역전이 현상으로 치부해버리고 무시하려는 것은 바람직하지 못하다.

치료장면에서 환자의 내면세계에 대한 탐색과 개입이 제대로 이루어지지 않는다고 생각하면 언제라도 치료장면의 '지금 여기here and now'에 초점을 맞추어 치료 관계를 다시 조율하고 치료의 진행을 검토해야 한다. 모든 치료자가 강박성 성격 장애를 지닌 사람에게 공통적으로 받는 느낌은 지루함이다. 이것은 아마도 감정이 배제되고 '생각'에만 집착하고 있는 이들의 건조한 태도에 따른 결과일 것이다. 또 치료자가 지루함을 느낀다는 것은 환자가 자신의 감정을 은폐하는 데 성공하고 있음을 반영하는 것이다.

이들에게는 '이것에 대해서 어떻게 생각하는가?'와 같은 표현은 삼가는 것이 좋다. 이들이 자기 감정을 회피하는 수단은 합리화된 생각 속으로 피신하는 것이다. 다시 말하자면, 감정이나 느낌도 머리로 해결하려는 것이 이들의 특성이다. 그러므로 치료자는 환자가 자기 감정과 느낌에 초점을 맞추도록 유도해야 하며, 말싸움이나 논쟁은 금물이다. 이들은 내면의 분노 감정이 표출될까 봐 두려워하므로, 이들에게 있어서 자신이 느끼는 것에 대해 이야기하는 것은 불안감을 자극하는 일이다.

또 다른 방법으로, 이들은 전문 용어나 현학적이고 딱딱한 용어를 사용함으로써 자신의 감정 세계와는 더욱 동떨어진 의사소통을 하려고 한다. 그러므로 치료자 역시 전문적이거나 과학적인 용어를 지양하고, 일상적이고 소박한 용어를 사용하여 이들이 자기 자신의 정서적인 세계로부터 도피하려는 것을 방지해야 한다. '어떻게 생각하는가?'보다는 '어떻게 느껴지는가?' 혹은 '무엇을 느꼈는가?'와 같은 질문이 더 바람직하다.

만일 치료자가 "오늘 우리가 한 이야기는 다소 지루하게 느껴지는군요"라며 감정을 표현하도록 격려한다면 이들은 교묘한 방법으로 감정 표현을 거부할 것이다. "나는 내가 그 일로 인해서 실망했던 것 같다고 생각해요" "그이 때문에 아마 화가 많이 났었나 봐요. 왜냐하면 그 일은 내가 예측할 수 없었던 허를 찌르는 사건이었거든요" "그때 잠시 짜증이 났는데, 누구나 다 그런 상황에서는 짜증이 날 수 있는 것 아닌가요?"와 같이 이들은 자신이 주체로서 느끼는 감정을 있는 그대로 이야기하기보다는 감정의 내용을 추측하려 하거나 감정의 원인을 설명하려고 한다. 혹은 마치 다른 사람의 이야기인 것처럼 표현하려는 경향을 보인다.

이들 강박성 성격장애 환자에게 이분법적인 의사결정을 요구하는 질문을 하는 것은 바람직하지 않다. "어머니와 아버지 중에서 누구와 더 친했고 누구를 더 좋아했습니까?"와 같은 질문은 이들 내면에 잠재해 있는 양가성과 관련된 의심을 자극하게 되고, 결과적으로는 감정 직면의 회피를 위해 동기화되는 주지적 태도를 강화하게 된다. 또한 이분법적으로 경직된 '옳다' 혹은 '그르다' 식의 인지체계를 활성화시켜 더욱더 감정 표현을 속박하게 될 것이다. 따라서 치료자는 가능하면 개방된 질문을 하고, 환자가 어떠한 정보를 먼저 내놓는지 주시하는 것이 좋다.

이들은 감정 표현에 있어서 경직되고 그 방식에서도 다분히 서툰 사람들이지만, 한편으로는 자기 감정을 잘 인식하지 못하는 사람들이기도 하다. 이들은 자신이 표현한 감정이 치료장면에서 수용되면 자신의 감정이 생각했던 것만큼 그렇게 폭발적이거나 압도적인 것이 아님을 알게 될 것이다. 그러나 치료의 초반부터 환자가 수용할 수 있는 수준 이상으로 감정적인 이야기를 꺼내도록 유도하는 것은 이들에게 위협적일 수 있으며, 치료가 조기에 종결되도록 만들 수도 있음을 유념해야 한다. 이런 맥락에서 환자가 자발적으로 나타내는 감정 변화나 정서적 갈등의 단서를 예민하게 포착해내는 것은 매우 중요한 일이다. 그 한 가지로, 이들이 전면에 내세우고 있는 합리적이고 주지적인 생각에서 나타나는 의심이나 불확실감은 양가감정 등의 중요한 단서가 될 수 있다.

가끔 강박성 성격장애 환자가 실제로 분노를 폭발시킬 때가 있다. 자리에서 일어나 치료자를 노려보며 노기등등한 표정으로 소리를 질러댈 수도 있다. 이러한 분노는 그의 내면 감정의 일부에서 튀어나온 파편일 가능성이 크다. 이때 치료자는 "당신, 화났군요!"라고 말할 것이 아니라 그가 자신의 분노를 방출할 수 있도록 최대한 허용적인 분위기를 만들고 감정의 통풍구를 제공해야 한다. 이런 경우 "내가 당신을 실망시킨 것처럼 보이는군요"라고 답하는 것이 적절하다고 할 수 있다. 치료자는 환자의 분노에 대해서 방어적이지도 않고 그의 분노를 합리화시켜주지도 않으면서 그가 자신의 감정에 대해 인식할 수 있도록 촉진할 필요가 있다. 비록 감정 표현이 돌발적이고 단편적일지라도 감정이 조금씩 표면에 부상하는 과정을 통해서 자신의 정서와 동기에 대한 인식을 증진시켜 갈 수 있다.

3) 치료 관계에서의 공감과 수용

강박성 성격장애 환자는 앞서 기술한 것처럼 일상생활에서뿐 아니라 치료장면에서도 자신의 감정을 솔직하게 드러내지 못한다. 이들은 공적으로 드러내고 있거나 스스로 인식하고 있는 자신의 모습과는 다른 분노, 의존성, 성적인 감정 등이 드러날 때 이에 대해 심한 수치심과 죄책감을 느끼기 때문에 때로는 감정 경험 자체를 인식하지 못하기도 한다. 치료자가 이들의 수치심과 죄책감에 공감하면서 이들이 자신의 내면세

계의 더 어두운 면을 탐색하고 인정해갈 수 있도록 수용적인
치료 환경을 만들어가는 것은 매우 중요하다. 치료자가 감정
인식과 표현을 힘들어하는 환자의 마음에 공감하지 못한다면
감정을 이끌어내기 위한 치료자의 탐색적 질문이 이들에게 자
칫 큰 위협이 될 수 있고, 이들이 어렵게 표현한 감정을 치료
자가 따뜻하게 수용하지 못한다면 이들은 자신이 표현한 감정
에 대해서 또다시 수치심이나 죄책감을 느끼게 될 것이기 때
문이다.

이들은 과거나 현재의 사건 자체에 대해서는 구체적인 세
부 정보를 지루할 정도로 장황하게 나열할 수 있지만, 정작 이
와 관련한 자신의 감정은 드러내지 않을 수 있다. 또한 말이
지나치게 포괄적이거나 추상적·개념적으로 흘러서 대화의
내용이 감정적인 주제로부터 점차 더 멀어지기도 한다. 이들
은 자신이 받아들일 수 없는 감정의 위협과 관련하여, 마치 감
정을 감추기 위해 필사적으로 연막전술을 펴듯, 감정이 배제
된 지적인 얘기 혹은 사회적으로 받아들여질 수 있는 바람직
한 얘기만을 두서없이 중얼거리는 것으로 보인다. 이때 치료
자는 지루함과 권태로움을 느끼기 시작할 것이다. 문제는 치
료자가 어떻게 환자 자신도 모르게 구사하는 이러한 연막전술
에 휘말리지 않고 환자에게 위협이 되지 않는 수준으로 연막
을 뚫고 들어가 감정을 이끌어낼 것인가 하는 것이다.

예를 들어, 한 환자가 자신의 형에게 경쟁의식을 느껴온 것에 대해서 스스로를 비난하였다. 이에 대해 치료자는 "당신이 자라온 얘기를 듣다 보면 나라도 형을 꼭 이기고 싶었을 것 같아요. 그런데 다른 한편으로는 누구라도 형에게 경쟁의식을 느낀다는 것이 편하지 않을 거예요. 형을 이기고 싶은 마음이 어떻게 느껴지세요?"라고 질문하면서 환자의 경쟁심과 이에 대한 죄책감을 공감하고 수용하는 가운데 추가적인 탐색 질문을 던질 수 있다. 또 다른 환자는 치료자의 전문성과 능력에 대한 의구심을 직접적으로 표현하지 못하고 치료자의 배경에 대해 간접적으로 질문함으로써 에둘러서 표현하였다. 이에 대해 치료자는 "저에 대해 궁금하신 게 많은 것 같네요. 그런데 진짜 궁금한 것을 바로 묻기보다는 예의 바르고 조심스럽게 질문하시는 것처럼 느껴지네요. 궁금한 걸 직접 물어보면 어떨 것 같은가요?"라고 질문하면서, 감정 표현을 성급하게 촉진하기에 앞서 감정 표현을 어려워하는 이유에 대해 먼저 공감하고 타당화할 수도 있을 것이다.

강박성 성격장애 환자가 자신의 개인력과 무관한 사건 및 정보에 대해 장황하게 설명하거나 당면한 사건과 관계가 없어 보이는 사소한 것에 끝없이 집착하고 있을 때, 치료자는 그 내용에 수동적으로 빠져들기보다는 환자가 특정한 감정으로부터 도망치려 하고 있음을 알아차려야 한다. 이때 환자가 인정하고 싶지 않은 감정이 무엇이고 왜 그 감정으로부터 도망치고 싶어 하는지를 공감적으로 이해하지 못하면 치료자의 감정 표현 촉진 시도는 오히려 환자의 방어를 더 불러일으킬 수 있다. 치료자가 공감적 이해 속에서 환자를 지금 여기에서의 중심 주제와 감정으로 되돌아오게 할 수 있을 때, 환자는 자신의 감정을 위협 없이 인정하기 시작할 것이다. 또한 환자는 자신의 감정을 치료자가 있는 그대로 받아들인다는 것을 경험하게 되면서 자기 스스로도 자신의 감정을 잘 받아들일 수 있게 되고, 치료자를 향한 분노를 포함한 다양한 감정이 자신이 생각한 것만큼 파괴적이지 않다는 사실을 알아가게 될 것이다.

4) 나무가 아닌 숲을 보도록 유도하기

강박성 성격장애 환자는 치료장면에서 적절하지 않은 세부적인 것에 집착하며 이를 설명하는 데 상당한 시간을 소모할 것이다. 아마도 이들은 충분한 배경 정보를 제공하지 않거나 정황을 자세하게 설명하지 않으면 치료자가 자신의 말을 이해하지 못할 것이라고 생각하는 것 같다. 그래서 환자가 홍수처럼 한 시간 내내 말을 쏟아냈음에도 치료자가 얻는 정보는 매우 빈약하기 그지없는 경우도 있다. 또한 치료자의 질문에 간단하게 대답하지 못하고 별로 관계없는 세세하고 자잘한 이야기만 늘어놓는 경우 역시 많아져서 치료자는 환자가 말하고자 하는 요점이 무엇인지 파악할 수 없게 된다. 환자의 의식 이면에는 깊고 자세한 이야기를 하지 않고 핵심을 흐려 놓기 위해서 이러한 방식을 방어적으로 사용하고 있는지도 모른다.

치료자는 이들이 상황의 국소적이고 협소한 부분에만 치중하지 않고 전체적인 맥락 속에서 부분을 바라볼 수 있도록 도와줄 필요가 있다. 이들은 마치 소설의 장면 묘사처럼 구체적인 이야기를 하는 듯 보이지만 정작 정말로 중요한 부분이 무엇인지는 잘 모르고 있을 수 있다. 따라서 치료자는 구체적인 생각의 내용을 질문하려고 하기보다는 대화의 전체적인 맥락을 상기시켜주는 것이 좋으며, 환자 자신의 이야기를 간단히 핵심만 요약해보도록 요청하는 것도 좋은 방법이다.

때로는 "사람들이 당신의 이야기를 이해하지 못하게 될까봐 걱정이 되나요?" "사람들이 당신의 이야기를 이해하지 못하면 어떻게 될 거라고 생각하십니까?"와 같은 질문을 통해 자신이 얼마나 지엽적인 부분에 집착하고 있는지 인식시켜주는 것도 필요하다. 상황이 더욱 심각할 경우에는 "당신은 저에게 이야기한다기보다는 자기 자신에게 혼자 이야기하는 것처럼 보이는군요"라고 말할 수도 있을 것이다.

간혹 치료자가 질문을 멈추고 침묵하는 것이 환자의 이러한 반응을 차단하는 방법이 될 때도 있다. 환자는 갑작스러운 치료자의 침묵에 주의를 기울이게 될 것이고, 치료자는 이때를 이용해서 환자가 은폐하고자 하는 생각이나 감정이 무엇인지 탐색할 수 있을 것이다.

5) 긴장에서 이완으로, 경직성에서 자발성으로

강박성 성격장애 환자는 치료장면에서 어딘지 모르게 꽉 죄여 있고, 부자연스러워 보이며, 편안하게 자신을 이완시킬 줄을 모르고 긴장 속에 머물러 있는 것처럼 보인다. 이들은 자발성이나 이완 상태에서는 감정이 자신도 모르게 새어나올 것 같은 위협을 받는다. 이러한 경직성의 배후에는 무엇보다도 내면의 분노감이 튀어나올 것에 대한 경계심과 두려움이 잠재되어 있는 것으로 보인다. 치료자는 환자가 자발적이고 적극적으로 치료에 참여하도록 유도해야 하고, 경직되고 긴장된 모습을 이완시키기 위해 노력해야 한다.

강박성 성격장애를 지닌 사람도 치료장면에서 적어도 한두 번은 자발적인 태도나 긴장을 늦춘 이완된 모습을 나타낼 수 있다. 이완은 대개 치료를 시작하기 전과 치료가 끝난 후 잠깐의 시간 동안에 일어난다. 치료실에 들어가기 전에 잠시 대기실에 앉아있는 동안 또는 치료를 마친 후 잠시 치료실 바깥에 있는 동안, 이들은 치료 중에 보이는 경직되고 긴장된 모습과는 상이하게 자신을 풀어놓고 이완시키고 있는 경우가 많다. 이렇듯 강박성 성격장애 환자는 오히려 치료 전후의 시간에 자기 감정이나 내면의 생각을 별다른 제어 없이 노출시키는 경우가 종종 있다. 치료 시간 내내 웅크리고 경직되어 내면을 숨기고 있다가도, 치료를 마쳤다고 생각하는 순간부터 자신에 대한 통제를 늦추어 말하지 않았던 비밀이나 내밀한 감정을 나타낼 수도 있는 것이다. 그러므로 노련한 치료자라면 대기실과 같은 치료실 외의 장면에서 또는 치료를 마친 후 치료실을 나가면서 보이는 환자의 행동을 유심히 관찰할 것이다.

이들은 감정 표현을 경박한 '짓거리'로 여기며, 스스로를 이완시키고 편안히 앉아 쉬는 것에 대해서는 안절부절못하고 죄책감을 느끼는 사람이다. 이완이라는 것은 이들에게는 매우 어색하고 이질적으로 느껴지는 상태다. 이들이 매우 중요하게 생각하는 자기통제의 측면에서 볼 때, 자신을 이완시키는 것은 스스로를 무절제하게 방임하는 것처럼 느껴질 것이며, 쉰다는 것은 바보 같은 짓이고 이처럼 아무것도 하지 않고 늘어져 있는 상태를 스스로에게 허용한 무절제함에 대해 죄책감을 느낄 것이다.

이러한 경직성의 핵심은 감정의 통제에 있다고 할 수 있다. 특별히 자발성의 결여와 관련하여 이들 내면의 의존감과 무기력감에 대해서 생각해볼 필요가 있다. 강박성 성격장애 환자는 자신이 누군가에게 의존적이거나 무기력한 상태에 있다는 사실을 매우 굴욕적으로 느끼고 인정하기 어려워한다. 자신은 항상 스스로를 통제할 수 있는 사람이어야 하기 때문이다. 이들에게 의지력이라는 것은 매우 중요한 사항이다. 누군가에게 의존하고 있다는 것을 느끼는 순간 이들은 자기 자신의 나약함으로 인해 스스로에 대한 경멸감이나 굴욕감마저 느낄지 모른다. 누군가에게 자기 감정을 보여준다는 것은 치부를 노출시키는 것처럼 간주될 것이므로, 자발적인 감정 표현을 억제하는 것은 의존감이나 무기력감에의 직면을 회피할 수 있게 만들어준다.

치료자는 치료장면에서 어떤 이야기를 먼저 시작할 것인지와 관련하여 환자가 자발적으로 선택할 기회를 주는 것이 좋다. "여러 가지 이야깃거리가 있겠는데…. 그래, 어떤 얘기부터 먼저 시작하면 좋을까요?"와 같은 질문에서 치료자가 의도하는 것은 강박성 성격장애 환자가 그들 자신의 행동과 생각에 대한 확신을 갖도록 돕는 것이다.

이들이 자발적으로 감정을 표현하거나 정서를 경험하도록 이끌어주는 것은 매우 어렵고 환자 자신에게도 많은 노력을 요구한다. 일단 환자가 치료장면에서 자기 감정을 표현하고 정서 경험을 하게 되면 여기서 벗어나지 못하고 치료실을 떠나지 않으려고 할지도 모른다. 또는 시간이 다 되기도 전에 치료장면에서 도망가려고 할 수도 있다. 두 경우 모두에서 치료자는 정해진 치료 시간을 엄수하기 위해 노력해야 한다.

6) 실수에 대한 두려움 극복하기

강박성 성격장애 환자의 완벽주의적인 성격 및 이와 관련한 실수에 대한 두려움은 이들이 지닌 성격의 간판이자 핵심 결정체라고 보아도 좋을 것이다. 치료장면은 이들이 실제 생활에서 실수에 직면하고 그것을 소화해내도록 연습할 수 있게 하는 경험의 장으로 활용된다.

어떤 강박성 성격장애 환자는 치료 시간을 마치면서 자신의 이야기가 조리 있게 전달되지 못한 것을 비탄스러워하며 '오늘은 말이 엉망으로 꼬였구나. 말도 하나 제대로 못하다니'라며 매우 후회스러운 듯 이를 반복적으로 되뇌일지도 모른다. 이러한 환자는 어느 순간부터 치료장면을 자신의 언변이 얼마나 유창하고 조리 있는지 검증하는 장면으로 사용하고 있는 것이다. 이들은 치료장면에서조차 자신의 기준을 완벽하게 수행해내기를 원한다. 이들에게는 '합리적이고 적절한' 기준이 필요하며, 이들은 스스로의 실수나 단점을 용인하는 방법을 배워야만 한다.

앞에서도 살펴보았듯이, 이들이 의사소통할 때 부적절한 세부 사항에 집착하는 것도 한편으로는 실수 없이 '완벽하고 올바른' 답을 제시해야 한다는 두려움과 관련되어 있는 것으로 생각해볼 수 있다. 이들은 치료자의 질문에 대해 자신의 생각과 감정을 있는 그대로 기술하기보다는 무언가 스스로에게 확실하다고 생각하는 부분과 '올바른' 답을 제시할 수 있을 만한 세부 사항에 집중한다. 무엇이 정답인지 모호하게 느끼는 부분에 대해서는 언급하지 않으려 하는 것이다. 이 역시 실수에 대한 두려움에서 동기화되는 행동으로 이해될 수 있다.

이러한 실수에 대한 회피적인 태도와 두려움은 치료 전반을 통해서 지속적으로 다루어져야 한다. 우선, 치료 초기에는 앞으로 치료 회기가 어떻게 진행될 것인지에 대한 밑그림을 제시함으로써 모호하고 불확실한 상태에서 느끼는 불안감을 감소시켜줄 필요가 있다. 또한 여기에서 시작해 시간이 점차 진행될수록 환자가 지닌 실수에 대한 두려움을 명료하게 다루어주어야 한다. 이때 치료장면에서 이루어지는 과정을 보조할 수 있는 적절한 과제를 할당하는 것도 많은 도움이 된다. 이러한 과제를 통해 실수를 저지를 위험성이나 그에 대한 두려움에 조금씩 환자를 노출시킬 수 있기 때문이다.

치료자는 환자가 실수의 결과에 대해서 어떻게 생각하고 있는지를 탐색하고, 실제로 그 결과가 환자가 두려워하는 만

큼 그렇게 위험한 것인지에 대해서도 다루어볼 수 있다. 치료
자는 치료의 후반에서 '무슨 수를 써서라도 실수하는 것은 피
해야 한다'는 이들의 신념에 도전해야 한다. 이러한 과정을 통
해 궁극적으로 의도하는 것은, 우리는 누구나 크고 작은 실수
를 저지르며 살아가는 완벽하지 못한 존재라는 '사실'을 수용
할 수 있도록 하는 것이다.

환자가 자발적으로 무언가를 시도할 수 있게 유도하는 것
도 실수에 대한 두려움을 극복하기 위한 좋은 처방전이 될 것
이다. 무언가 자발적으로 행동을 취한다는 것은 결과에 대한
책임감이나 실수에 대한 두려움에 매여 있지 않을 때에나 가
능한 일이기 때문이다.

이러한 과정은 치료 회기의 주제를 정하는 것부터 시작한
다. 치료가 진행됨에 따라 적절한 과제가 무엇일지 스스로 생
각해내게 하고 이를 실천해나가게 하는 것도 좋은 방법일 것
이다. 단계별로 과제를 설정해서 쉬운 과제부터 시작하여 조
금씩 어려운 과제로 진행해간다면, 각 단계에서 부딪히는 어
려움을 극복하고 해결하도록 돕는 과정에서 완벽주의적인 태
도에 직면할 기회가 여러 번 생길 것이다. 이러한 과정에서 자
신에게 실수나 오점이 있음을 발견하고, 이러한 실패나 실수
라는 것이 반드시 자신의 의지력과 통제력 여하에 따라 결정
되는 것은 아님을 경험적으로 재확인하게 하는 것도 꼭 필요

한 부분이다. 우리는 누구나 실수를 저지르며 살아가는 존재
이고, 그것이 반드시 우리의 의지력 결핍에 따른 것도 아님을
체득할 때, 완벽주의가 지닌 허상을 어렴풋이나마 깨달을 수
있게 될 것이다. ◆

2. 완벽주의 극복하기

우리 주변을 돌아보면 무슨 일을 해도 완벽하고 철저하며 꼼꼼하게 처리하려는 사람이 많음을 알 수 있다. 또 높은 기준과 성취 동기를 가지고서 실제로 왕성하게 생산적인 일을 해내는 사람도 있다. 완벽주의야말로 강박적인 성격을 지닌 사람에게서 나타나는 가장 핵심적인 특징이다.

'완벽주의'라는 말은 일상적인 일을 꼼꼼하게 실수 없이 해내려는 사람들에게 자주 붙이곤 하는 표현이다. 문제는 숲과 나무를 볼 때 시선의 이동이 얼마나 융통성 있고 유연한 방식으로 이루어질 수 있는가에 달려 있다. 완벽주의를 추구하는 사람은 숲 전체를 보기 위해 한 발 뒤로 물러설 수 있는 여유가 없는 사람이다. 여유를 가지고 숲 전체를 보면 보송보송한 나무들이 하늘과 맞닿아 정겹게 숨 쉬는 듯한 미려한 색감의 조화 속으로 자신도 모르게 빨려 들지만, 모든 썩은 나무나 못

생긴 나무 하나하나를 찾아 없애려 하기 시작하면 보이지도 않는 완벽의 허상을 채우기 위해 쳇바퀴만 돌리게 될 뿐이다.

많은 경우에 완벽을 추구하는 사람은 완벽함이 주는 매력을 추구한다기보다는 불완전한 요소가 주는 불편감과 불안감에 쫓겨 내달리는 경우가 많다. 이 세상에 '완벽한' 것이 있을까? 지구도 동그랗지 않다는데, 자를 대고 줄을 그어도 완벽한 직선이 아니라는데 말이다. 아마도 완벽주의자는 자신의 실수나 결함을 재빨리 찾아내고 이로부터 불편감을 느끼는 데 있어서만 완벽주의적일 것이다.

완벽주의는 크게 2가지 측면을 지닌 것으로 파악할 수 있다. 첫째, 자신과 다른 사람 및 인생에 대해 비현실적으로 높은 기준을 부과한다는 것이다. 자신이 그 기준에 미달할 경우에는 스스로를 책망하고 비난하지만, 다른 사람들이 그 기준에 미달할 경우에는 비판적이게 된다. 둘째, 작은 실수나 결점에만 집착한다는 것이다. 시험에서 몇 점을 받았는지보다는 무엇을 틀렸는지에만 시선을 집중하며, 좋고 훌륭한 점보다는 흠과 티를 찾기에 급급하다.

완벽주의는 삶에 많은 이익을 가져다줄 수 있다. 일에 실수가 없으므로 다른 사람들의 칭찬을 받을 수 있고, 더 훌륭한 보고서를 제출하여 더 좋은 학점을 받을 수도 있다. 그러나 '완벽한 성과'라는 이익을 얻기 위해 치러야 하는 대가 또한 매우 크다는 사실을 기억해야 한다. 완벽주의자에게 나타나는 부정적인 결과는 다음과 같이 요약할 수 있을 것이다.

첫째, 완벽주의자는 대체로 자존감이 낮다. '완벽'이라는 기준에 늘 미달할 수밖에 없는 자신은 스스로에게 늘 열등한 존재로 인식될 뿐인 것이다. 둘째, 완벽주의는 과중한 스트레스와 탈진의 원천이다. 완벽한 기준과 목표를 향해 자신을 끊임없이 몰아붙이다 보면 긴장과 스트레스에서 벗어날 길이 없어진다. 셋째, 완벽주의자는 다른 사람의 결점이나 실수를 용납하는 것이 쉽지 않기 때문에 대인관계에서도 갈등을 경험하기 쉽다. 넷째, 완벽주의자가 반드시 더 많은 성취를 이루어 내는 것은 아니다. 오히려 이들은 성취의 양이 빈약하기 그지없는 경우가 더 많다. 완벽주의자는 '이왕 태평양 전체를 완벽하게 만들 수 없을 바에는 그중 하나의 무인도만을 골라 완벽하게 만들자'라고 생각한다. 이들은 '적당히 현실과 타협하는 것'을 스스로 용납할 수 없기 때문에 완벽하지 못할 바에는 아예 손을 대지 않는 경향을 보이기도 한다.

완벽주의를 극복하기 위해서는 인생을 바라보는 태도 자체를 근본적으로 변화시켜야 할지도 모른다. 다음의 몇 가지 지침이 그러한 변화를 시도하는 하나의 작은 출발점이 될 것이다.

1) 흑백논리의 사고방식에서 벗어나기

완벽주의자의 사고방식을 찬찬히 뜯어보면 한 가지 재미있는 현상을 발견할 수 있다. 그것은 다름 아닌 흑백논리다. 흑백논리란 세상을 흑 아니면 백으로만 보려는 방식을 일컫는다. 흑과 백 사이에는 무수한 회색지대가 존재하는데도, 어떠한 회색도 새하얀 백색이 아닌 바에는 흑색으로 생각해버린다. 전부가 아니면 전무이고, 100점이 아니면 다 0점이며, 성공이 아니면 실패이고, 완벽하지 못할 바에는 아예 시작하지 않는 편이 낫다고 생각한다. 이처럼 세상을 오로지 2가지로만 구분한다는 점에서 흑백논리는 이분법적 사고라고 달리 이름할 수 있을 것이다. 구체적인 예를 들어보자.

자기 마음에 드는 보고서를 쓰려면 최소한 10시간이 필요한데 주어진 시간은 5시간밖에 되지 않을 때, 5시간짜리 보고서는 쓰지 않느니만 못하다고 생각하여 보고서 작성에 착수조차 못하고 결국 5시간 동안 컴퓨터 오락으로 소일하고 만다. 주어진 시간이 5시간이면 그 안에서 최선을 다하면 되는 것인데도 말이다.

늦잠을 자고 아침에 일어나 보니 아무리 서둘러도 지각이다. 그래도 빨리 서두르면 10분 늦게라도 수업에 들어갈 수 있는데, '수업을 처음부터 다 듣지 못할 바에야 10분 늦게 들어가면 뭐 하나' 하는 생각에 아예 수업을 포기하고 만다. 그리고 일단 한 번 결석하고 나면 그다음부터는 수업에 들어가기가 싫어진다. 어차피 전과자인데 앞으로 열심히 한다고 해서 내 전과가 말소되겠냐는 심정이 되는 것이다.

처음 차를 구입하고서는 광택제까지 뿌려가며 열심히 닦다가, 그렇게 아끼던 차에 한 번 흠집이 나면 폐차 직전의 차를 굴리듯 마구 험하게 다루기 시작한다. '이왕 버린 몸'이 되는 것이다. 흠집이 하나인 것과 흠집이 열 개인 것 사이에는 분명 아홉 개의 차이가 있는데도, 완벽주의자에게는 완전무결하지 않을 바에는 한 개 있으나 열 개 있으나 흠집이 있기는 마찬가지인 것이다.

끝마치지 못할 거면 시작조차 하지 않고, 중도에 일을 조금 그르치면 처음부터 다시 시작하고, 잘하지 못할 거면 아예 포기해버린다. 뭔가 일을 시작하면 완벽주의가 발동해서 정력적으로 일에 매진하지만, 이곳저곳에서 완벽이라는 목표에 금이 가기 시작하면 결국 중도에 포기하고 만다. 성취 지향적인 사람일수록 자세히 관찰해보면 무위도식하는 기간이 더 길다는 사실은 결코 역설만은 아니다.

흑백논리는 세상을 둘 중 하나로만 본다는 점에서 현실 파악의 왜곡을 초래한다. 세상이 어떻게 좋은 사람과 나쁜 사람의 두 종류 인간만으로 이루어질 수 있겠는가? 60점이든 80점이든 어차피 100점이 아니니까 0점이나 마찬가지라고 생각하지만, 어떻게 60점이나 80점이 0점과 같은 점수일 수 있는가? 생각이 왜곡되면 감정과 행동도 왜곡되는 것은 앞서의 예들에서도 잘 살펴볼 수 있을 것이다. 세상을 왜곡 없이 있는 그대로 바라볼 수 있게 되면 극단적인 감정과 행동으로부터 조금은 더 자유로워질 수 있다. 이때 자신과 다른 사람들을 포함한 현실을 있는 그대로 바라보기 위한 연습이 필요하다.

완벽주의자가 흑백논리에서 벗어날 수 있도록 하기 위해 인지치료에서 자주 사용하는 기법으로 척도화 기법이 있다. 이 기법은 세상을 0점과 100점 중 하나로 판단하는 습관을 버리고, 0점에서 100점까지의 연속적인 척도 상에서 60점은 60점으로, 80점은 80점으로 평가할 수 있게 훈련하는 방법이다.

한 사람의 사고방식은 언어 표현을 통해서 잘 드러난다. 언어를 통해 드러나는 우리의 사고방식을 다음과 같이 고쳐보는 연습을 하는 것이 필요하다. 즉, "이번 시험은 완전히 망쳤어"라고 말하는 대신에 "이번 시험에서 세 문제를 실수했어"로 바꿔 말해본다. "이 보고서는 쓰레기나 다름없어" 대신에 "이 보고서는 서론과 결론 부분의 논리적 연결이 다소 부족해. 하지만 본론은 나름대로 중요한 정보를 많이 담고 있지"라고 바꿔본다면 불필요한 자책과 우울감에서 벗어날 수 있다.

2) 실수의 중요성을 과대평가하지 않기

완벽주의자의 큰 문제 중 하나는 사소한 실수와 결점에 집착한다는 것이다. 이는 물론 앞에서도 살펴본 흑백논리적인 사고방식의 연장선상에서 이해할 수 있다. 이들은 자신이 타이핑한 것을 인쇄했을 때 발견한 오자 하나, 월말에 가계의 수입과 지출을 결산할 때 자신이 잊은 천 원의 용도를 찾아낼 수 없는 것에까지도 집착한다. 그리고 막연히 실수의 결과가 끔찍하고도 치명적일 것이라고 생각한다.

오늘의 실수가 한 달 후에는 어떤 결과를 가져올지 한 번 생각해보자. 혹은 일 년 후에는? 자신이 집착하는 작은 실수는 얼마 지나지 않아 잊혀질 것들임을 기억할 필요가 있다. 자신이 보기에는 중대한 실수와 결점이 다른 사람들이 볼 때는 광활한 해변에 있는 한 알의 모래알 같은 것인 경우가 많다. 이 세상에 실수 없이 배울 수 있는 것은 거의 없으며, 실패를 겪지 않고 성공할 수 있는 일은 많지 않다.

3) 긍정적인 측면을 바라보기

작은 실수와 결점에 빠져 있다 보면 자신의 성취와 장점을 간과하게 된다. 긍정적인 측면을 선택적으로 무시하는 것은 완벽주의자의 또 다른 중요한 특징이며, 이 또한 흑백논리의 한 측면으로 이해할 수 있다. 하루를 마감하면서 크든 작든 그날 있었던 긍정적인 일을 떠올려보는 습관을 갖자. 즉, 다른 사람들에게 작게나마 도움을 주었던 일, 즐거웠던 대화, 미뤄 두었던 전화를 걸어서 결국 해결한 사건, 장기적인 목표를 향해 한 걸음 더 나아간 일 등을 떠올리는 것이다.

예전에 필자의 한 친구가 해준 인상 깊은 이야기가 있다. 그는 어느 날인가 몹시 바쁘게 일을 하다가 시계를 보니 밤 12시였다고 한다. 그런데 다음 날 강의를 해야 하는데도 강의 준비가 전혀 안 되어 있었다. 그는 갑자기 자책을 하기 시작하였다. '나는 왜 이렇게 게으르지? 오늘 하루 동안 도대체 뭘 했길래 강의 준비도 못한 거야?' 그러다가 그날 하루의 일과를 돌아보게 되었다. 유학을 갔다 돌아온 친구를 만나서 모처럼 즐거운 대화를 나누었고, 자동차 배터리를 교체했고, 강의를 2시간 했고, 프로젝트를 수행하기 위한 회의에 참석했고, 이제 막 회의 결과에 대한 정리를 마친 참이었다. 생각이 거기에 미치자 자신은 게으르게 강의 준비도 못한 것이 아니고, 하루에 너무도 많은 일을 해낸 것이라는 생각이 밀려왔다. 비록 한 번의 강의 준비는 소홀히 했지만 인생 전반에는 대체로 성실했다는 생각이 들자 자책감은 온데간데없이 사라지고 자긍심마저 들었다고 한다.

그의 다음 말도 재미있었다. 자책감이 사라지자 방금 전까지도 밀려오던 피곤과 졸음 또한 사라졌고 어깨의 딱딱한 긴장도 풀리면서 '강의 준비는 적당히 하자'는 생각이 들었으며, 결국 1시간만에 손쉽게 강의 준비를 마쳤다는 것이다. 자신에게 부족한 것과 자신이 못 다한 것에서 시선을 돌려 채워진 것과 해낸 것에 주의를 기울인다면 어느 정도는 긴장과 죄책감에서 벗어날 수 있다.

물이 반쯤 담겨 있는 물 잔을 보면 어떤 사람은 이미 담긴 물을 보는데 어떤 사람은 더 담아야 할 물을 본다고 한다. 후자와 같이 늘 모자란 부분만을 생각하며 사는 사람이 바로 완벽주의자일 것이다. 완전히 가득 채워지지 않았다고 걱정만 할 게 아니라, 한 번쯤은 부족하지만 이미 채워진 부분을 보며 감사하는 마음을 갖는 것, 이것이 바로 척도화 기법이 지향하는 목표다.

4) 현실적이고 구체적인 목표 세우기

완벽주의자가 추구하는 목표가 있다면, 그것은 바로 '완벽'일 것이다. 세상에 완벽이라는 상태가 존재한다고 믿고 이를 향해 끝없이 노력하는 것이 완벽주의의 핵심이다. 그러나 잘 생각해보면 완벽이라는 목표는 비현실적이고 애매모호한 목표다. 즉, 완벽이라는 상태는 현실에서 결코 도달할 수 없는 상태이니 비현실적인 목표라고 할 수 있으며, 어디까지 도달해야 완벽한 상태라고 말할 수 있는지 역시 막연하니 애매모호한 목표라고 할 수 있을 것이다.

완벽한 상태에 도달하는 것은 에베레스트 산을 정복하는 것보다 어려운 일일 수 있다. 왜냐하면 에베레스트 산을 정복한다는 것은 목표가 구체적이기 때문이다. 에베레스트 산이 제아무리 험난해도 8,848미터를 오르면 목표를 달성할 수 있지만, 완벽이라는 산은 그 꼭대기가 1만 미터인지 2만 미터인지를 알 수가 없다. 완벽이란 가도 가도 끝을 알 수 없는 목표인 것이다. 아마 그냥 무작정 '잘해야 한다' '잘나야 한다'는 것처럼 이루기 어려운 목표도 없을 것이다.

완벽주의자는 자기 자신과 세상에 대해서 막연하게 너무도 높은 것을 기대하는 사람이다. 이들에게는 자신의 기대와 목표에 대한 '현실성 검토'가 필요하다. 현실적인 목표란 다음의 2가지 요건을 모두 충족해야 한다. 첫째는 목표의 구체성이다. 막연히 '단어를 많이 외워야 한다'가 아니고 '오늘은 단어 20개를 외울 것이다'가 구체적인 목표다. 둘째는 목표의 현실적인 적절성이다. 아무리 구체적인 목표라도 현실적으로 달성하기 어려운 목표는 현실적인 목표라고 볼 수 없다. 자신이 만일 완벽주의자라면 자신의 기대와 목표를 잘 점검해보라.

구체적이면서도 달성 가능한 목표를 세우는 것이 핵심임을 명심할 필요가 있다. 또 한 가지 기억할 사실이 있다면, 만일 당신이 달성 가능한 구체적인 목표를 세웠다면 그 목표의 30%를 잘라내고 나머지 70%만을 목표로 삼으라는 것이다. 왜냐하면 당신이 처음 세운 그 목표가 여전히 무리한 목표임에 틀림없을 것이기 때문이다.

완벽주의자는 시간과 정력, 자원의 현실적인 한계를 고려하지 못하는 사람이라고 볼 수 있다. 주어진 시간이 5시간밖에 없으면 그 시간의 한계 내에서 최선을 다하는 것이 최선의 현실이다. 그런데 완벽주의자는 시간의 한계는 고려하지 않고 최상을 추구하는 것만이 최선의 현실이라고 생각한다. 시간이 10시간만 더 주어진다면 오죽 좋으련만, 불행히도 조물주는 완벽주의자에게만 특별히 더 많은 시간을 부여하지는 않는 것 같다. 그런데도 최상과 완벽은 신의 세계에서나 가능한 이상일 뿐 결코 인간의 현실이 아님을 이들은 알지 못한다. 인간과 세상의 한계를 받아들이는 것이야말로 자기 사랑과 타인 사랑의 궁극적인 행위다.

5) 미진한 대로 그냥 놔두는 것을 배우기

완벽주의적인 사람은 대개 미진한 것을 참지 못한다. 다 된

서류도 확인하고 또 확인해야 안심한다. 업무를 처리할 때에도 별로 중요하지 않은 작은 사안이 흡족하지 않아서 여러 번 손을 보다 보면 일이 그만 지연되는 경우가 많다. 이런 경우에 미진한 데서 오는 찝찝하고 불편한 감정을 없애기 위해 특정한 행동을 취하지 말고 그런 감정을 가진 채로 그냥 버텨보자. 이를 행동치료에서는 '반응 예방'이라고 한다. 예를 들어, 뭔가가 틀렸을 것 같아 계속 확인하고 싶은 마음이 들 때 확인을 하지 않고 미진하고 불편한 대로 버티는 것이다. 이런 채로 버티다 보면 어느새 불편한 감정이 줄어들게 되고 강박적인 행동을 하지 않은 채 그냥 넘어갈 수 있다.

6) 신속히 결정하고 발 빠르게 행동에 옮기기

완벽주의자는 의사결정에 신중하고 우유부단하다. 버스를 탈까 말까 고민하는 동안 버스는 지나가고 마는 것처럼, 너무 오랫동안 결정을 미루는 사이에 결정의 기회를 놓치기도 한다. 장고 끝에 악수를 두듯이, 오랫동안 망설이다가 마감 시간에 쫓겨 서둘러 아무렇게나 결정을 해버리기도 한다. 그들은 또한 일에 대한 착수가 느려서 시작을 못하고 꾸물거리며 질질 끈다. 결국 마감 시간에 임박해서야 '적당한 타협'이 이루어지기도 하고, 결국 일의 마무리를 포기하게 되기도 한다.

물론 인생에는 신중한 결정 과정이 요구되는 중대한 일도 있지만, 어떻게 결정하든 결과에는 큰 차이가 없는 일이 훨씬 많음을 기억할 필요가 있다. 이것을 먼저 할까 저것을 먼저 할까 고민하기보다는 무엇이든 먼저 시작하는 것이 좋다. 해야 할 일의 목록을 기록하는 동안 차라리 한 가지 일을 끝내버려라. 비디오를 고르느라 2시간을 소모하지 말고, 그동안에 아무 비디오나 골라서 보는 게 더 낫다. 2개의 비슷한 대안 중 하나를 고르는 일이라면 차라리 동전을 던져서 둘 중 하나를 선택해버리자. 그 결과가 실패로 귀결된다 할지라도 무엇이든 '하는 것'이 아무것도 '안 하는 것'보다는 낫다.

또한 일이 주어지면 먼저 시작부터 해놓고 보는 습관을 기를 필요가 있다. 과제를 앞에 놓고 완벽한 해결책이 머릿속에 떠오르기만을 기다리지는 말자. 일단 일에 착수해서 진행해 나가다 보면 그제서야 일의 윤곽이 잡히고 해결의 실마리가 보이는 경우가 더 많다. 전화를 걸 일이 있으면 무슨 말을 할까 먼저 심사숙고하지 말고, 일단 수화기를 들고 번호를 누르고 본다. 보고서를 쓸 일이 있으면 생각나는 것부터 먼저 타이핑하기 시작하라. '시작이 반이다'라는 말은 완벽주의자를 위해 준비된 말인 것 같다.

7) 과정 지향적 태도 기르기

완벽주의자는 등산을 하면서 오로지 정상 정복이라는 목표의 달성만을 위해 산을 오르는 경향을 보인다. 산길 옆의 이름 모를 풀 한 포기, 빛 고운 단풍, 지나치는 사람들의 정겨운 표정, 푸른 하늘을 감상하는 즐거움을 알 리 없다. 이들은 정상 정복의 기쁨 외에는 다른 어떤 기쁨도 맛보지 못한다. 이런 사람이 정상에 오르지도 못하고 도중에 하산해야 할 때 그 심정은 어떨까? 비극이 아닐 수 없다.

위대한 학자가 되어보겠다는 완벽하면서도 모호한 목표를 가지고 살다보면 어느새 일중독자가 되고 만다. 모처럼 연주회에 가서도 못 다한 공부 생각에 초조해지기 시작한다. 커피숍에서 친구와 한담을 나누는 중에도 시선은 자꾸 시계로만 향한다. 책을 읽는 즐거움 자체보다는 넘긴 페이지 수가 더 중요해진다. 그렇게 살다가 위대한 학자가 되지 못하면 이 역시 비극이 아닐 수 없다. '차라리 커가는 아이들의 재롱을 지켜보며 세상 시름 잊고 즐겁게 살 걸' 하는 후회가 든다. 책과 시간의 노예로 살아온 세월이 안타깝지 않겠는가? 성취의 결과도 중요하지만 그 결과에 이르는 과정도 즐거워야 하지 않겠는가?

이들에게 필요한 것이 있다면 과정 지향적인 태도를 기르는 것이다. 일하는 것, 책 읽는 것, 사람을 만나는 것, 노는 것 자체의 과정에 가치를 두고 그 속에서 의미와 흥미를 발견할 줄 알아야 한다. "목적지에 도착하는 것보다는 여행 자체가 중요하다. 잠시 멈추어 서서 장미의 향기를 맡아보라"는 말은 한 번쯤 새겨볼 만한 말이다. ◆

3. 성취 지향적 태도와 일중독증 극복하기

우리는 주변에서 늘 자기 자신의 가치 문제에 집착하는 사람을 많이 볼 수 있다. 특히 우리 사회의 남성 중에서는 자기 가치의 원천이 마치 성취에 달려 있는 것처럼 일이나 성취에 매달리는 사람이 흔하다. 이런 사람의 내면에 있는 가정은 '인간으로서의 나의 가치는 내가 성취한 것에 비례한다'는 것이다. 성취를 통해 자기 자신의 능력을 확인해야만 스스로 가치 있는 사람으로 느낄 수 있다. 따라서 어떤 일에서 성공적인 경험을 하면 자신은 가치 있는 사람이 되고, 어떤 일에서 실패하면 자신은 아무런 쓸모도 없는 사람이 되어버린다.

성취에만 매달리다 보니까 성취와 관련되지 않은 것에는 신경을 쓸 겨를이 없다. 무언가를 성취하려고 쫓아가다 보니 여유가 없고 늘 쫓기는 기분이다. 사소한 실패 경험에도 스스로를 무가치하다고 비난함으로써 쉽게 상처받고 쉽게 우울해진다. 능력 면에서 다른 사람들과 비교하여 더 우월하다는 것을 확인하지 않고는 행복해질 수 없다. 자신감을 얻기 위해서 끊임없이 자신의 능력을 다른 사람과 비교하여 확인해야 한다. 마치 '성취=가치'라는 등식을 철저히 믿으며 사는 사람의 모습과 같다. '가치는 가치이고 성취는 성취'라고 둘을 분리하여 생각하지 못한다. 다음 사례를 살펴보자.

　　한수는 누가 봐도 똑똑하고 준수한 명문 대학교에 재학 중인 학생이다. 객관적으로만 본다면 누구와 비교해도 빠질 것이 별로 없어 보인다. 그런데도 그는 거의 대부분의 시간을 자기비하에 젖어서 살아왔다.

　　한수는 스스로를 능력이 없고, 살이 쪘으며, 대인관계도 형편없는 사람이라고 생각하였다. 그가 스스로를 평가절하하는 이유는 자신에 대해 터무니없이 비현실적인 높은 기준을 부과하고 있기 때문이다. 가령, 그가 자신의 대인관계가 형편없다고 느끼는 것은 '내가 가치 있으려면 다른 사람들을 편하게 대하고, 농담할 줄 알며, 스스럼없이 자연스럽게 접근할 수 있어야 한다'는 실현하기 힘든 나름대로의 기준을 가지고 있어서다. 그래서 그러한 기준에 도달하지 못하는 자기 자신을 늘 비하할 수밖에 없는 것이다. 사실 그에게 더 필요한 것은 자신의 비현실적인 기준을 다시금 검토해보

는 일과 '그러한 기준에 도달해야지만 가치 있는 사람'이라
는 가정이 과연 옳은지를 검토하는 일인데도, 그는 실현 불
가능한 기준에 도달하기 위해 자신을 몰아쳐 왔다. 도달할
수 없는 목표를 향해 자신의 능력 향상과 발전을 추구하다
보니 그에게 남는 것이라곤 자신에 대한 불만족뿐이었다.

한수의 비현실적인 기준은 다른 사람과 비교하여 우월해
야 한다는 생각 때문에 더욱 비현실적이게 된다. 그는 여러
사람이 모여 있으면 무엇이든 그중에서 제일 잘하는 학생을
비교 대상으로 삼아 '그 애를 따라잡아야 한다'고 생각한다.
자기가 10시간에도 끝내지 못한 숙제를 다른 친구가 5시간
만에 끝내는 것을 보면 자신이 못났다는 생각을 지울 수가
없다. 공부를 할 때도 다른 사람과 자신을 늘 비교하여, 이
해가 잘 안 간다든지 진도가 늦다든지 하면 '이 머리로 어떻
게 대학원을 가겠니?'라고 스스로를 질책한다. 때로는 다른
사람과 비교하여 자신이 더 잘하고 있다는 것을 확인한 순
간에도, '그것 봐. 쟤는 나보다 못하잖아. 그런 것조차 제대
로 판단을 못했단 말이야? 그런 판단력으로 어떻게 사회생
활을 하겠어?'라고 자신을 비난한다.

그의 성취 추구 경향의 한 가지 결과는 일중독증이었다.
스스로 세운 기준에 도달해야지만 자신이 가치 있다고 생각
함으로써 성취를 위한 중단 없는 투쟁에 자신을 내몰았다.

해야 할 공부가 많이 남아있다고 생각한 나머지, 머리 깎을 시간조차 내지 못하고 늘 여유 없이 쫓기는 생활의 연속이었다. 모처럼 음악회에 갔는데 못 다한 공부가 생각나서 불안해지기 시작했고, 연주가 잘 들리지 않았다. 성취 이외에는 자기존중이나 자기충족의 원천이 별로 없으니 아무것도 하지 않는다고 느끼면 공허하거나 불안해졌다.

그가 늘 성취에만 매달림으로 인해 그의 생활에 나타난 또 다른 결과는 즐거움의 결핍이었다. 그는 농구를 좋아했다. 그러나 농구를 좋아하는 이유는 농구가 재미있어서가 아니라 농구를 통해서 자신의 능력을 확인할 수 있기 때문이었다. 다른 사람들도 그를 보고 '너는 이기려고 농구하는 애 같다'고 지적하였다.

처음 치료자를 만났을 때 그는 자신을 이기적이라고 표현하였다. 그래서 치료자는 그렇게 말하는 근거가 무엇인지 물어보았다. 그의 답변은 '다른 사람을 단지 자기를 칭찬해 주는 도구로 이용하기 때문'이라는 것이었다. 즉, 그 사람과의 만남 자체를 즐기기보다는 그 사람이 자신을 멋있는 사람으로 보고 감탄하게끔 하는 게 목적이라는 것이었다. 여자를 만나도 그 여자를 사랑해서 만난다기보다는 그 여자에게 자신이 멋진 사람임을 인식시키는 것이 중요해서 만났고, 어느 정도 인기를 끌었다고 느끼면 금세 그 여자에 대한 관심이 식어버렸다. 이것은 마치 고양이가 쥐를 잡고서는 자신이 쥐를 잡을 수 있는 고양이라고 자부하며 정작 쥐 자체에 대해서는 무관심해지는 것과 흡사하였다.

강박적인 성격을 지닌 사람은 공통적으로 열심히 일하려는 사람이다. 이들은 마치 일을 위해 태어난 사람처럼 보이며, 이들에게 인생이란 성취를 위해 주어진 것이다. 강박적인 남편에게 부인은 종종 이렇게 질문한다. "여보, 당신은 나와 결혼했나요, 아니면 일과 결혼했나요?" 부인이 질투하는 대상은 역설적이게도 다른 여자가 아니고 남편이 끔찍하게도 사랑하는 '일'인 것이다. 이들은 일을 제대로 끝마치기 전까지는 좀처럼 쉬지 않는다. 삶의 유희와 안식이 결핍되어 있는 이들이야말로 전형적인 일중독자인 것이다.

강박적인 성격을 지닌 사람의 주된 특징은 이렇듯 일에서 드러난다. 일이야말로 이들이 빛을 발할 수 있는, 어쩌면 유일할지도 모르는 영역이다. 이들은 체계적이고, 꼼꼼하며, 철저하고, 책임감이 강할 뿐만 아니라 무엇보다도 성실하고 열심히 일한다. 이들은 회사에서는 상사가 그 자신의 밑에 두고 싶어 점찍어 놓은 사원이요, 학교에서는 교사에게 힘든 교사 생활을 가치 있고 보람되게 해주는 학생이다. 이들은 퇴근 시간을 지나서까지 연장 근무를 하며 일을 위해 휴가를 자진 반납하는 사원이요, 늦은 밤까지 열심히 공부하는 학생이다.

강박적인 성격을 지닌 사람은 처음 사람을 만났을 때 맨 먼저 "무슨 일을 하십니까?" 부터 묻는다. 직업과 일은 이들이 가장 궁금해하는 정보다. 이들에게 직업이란 개인적 정체감의 전부이기 때문이다. 직업이 곧 삶이고, 직업이 곧 주관적 세계이며, 직업이 곧 자기 자신이다. 따라서 일이 없는 주말이면 자신의 세계가 없어지고 만다. 그래서 주말이면 '주말 우울증'에 걸리게 되는 것이다. 월요일이 되어 누군가가 이들에게 "주말은 어떻게 보내셨습니까?"라고 묻는다면 이들은 매우 곤란해진다. "그냥 빈둥빈둥 텔레비전만 보고 지냈다"고 말하기가 너무 부끄럽기 때문이다. '뭔가 보람 있고 가치 있는 일로 바쁘게 지냈다'고 얘기해야만 스스로 떳떳할 것 같은 느낌이 든다.

이들은 많은 시간을 들여 쉼 없이 열심히 일하는 사람이기 때문에 많은 경우 높은 자리에까지 올라가는 것 같다. 어떤 사람은 원만한 인간관계와 창의적인 사고력을 통해서, 또 어떤 사람은 얄팍한 정치적 수완과 권력자를 조종하는 것을 통해서 높은 자리에 오르지만, 강박적인 성격을 지닌 사람은 오로지 '성실과 업적'이라는 보증 수표를 통해 그 자리에 오른다. 그러나 때로 이들은 '뛰어난 이인자' 또는 '종신 총무'의 자리에 만족해야 한다. '일인자' 혹은 '회장'의 자리는 성실과 열심

이외에도 다른 많은 능력을 필요로 하기 때문이다. 이들에게
는 일인자에게 필요한 신속한 결정력, 융통성과 순발력, 다른
사람의 능력에 대한 믿음과 책임의 위임, 우선순위에 따른 곁
가지치기, 자신과 다른 방식으로 일하는 사람들에 대한 용납
과 이해가 결여되어 있다. 따라서 이들은 일인자의 오른팔이
되어서 그의 통찰과 영감이 정해준 골격을 따라 나머지 빈 부
분을 세부적인 일로 완벽하게 채워주는 일에 만족해야 하는
것이다.

물론 성취 속에서 자기의 가치를 추구하는 사람의 모습이
온통 부정적일 수만은 없다. 동전에도 앞면과 뒷면이 있듯이,
성취 지향적인 사람이 지니는 장점이 많은 것은 사실이다. 그
럼에도 일중독증에 걸릴 정도로 지나치게 성취를 지향하는
사람은 좀처럼 마음과 몸의 긴장을 이완시킬 수 없으며, 인생
의 다른 많은 즐거움을 누리지 못하게 된다. 당신이 만일 일이
아니고는 그 많은 시간을 도저히 무엇으로 채워야 할지 모르
는 사람이라면, 다음과 같은 조언에 귀 기울일 필요가 있을
것이다.

🔑 일중독증의 자가 진단

다음은 '일중독증 자가 진단 검사' 문항입니다. 만일 5개 이상의 문항에 '예'라고 답했다면 당신은 일중독자일 가능성이 큽니다. 그리고 7개 이상이라면 당신은 일중독자일 것입니다.

	예	아니요
1. 일이 없으면 스스로 일을 만들어서라도 한다.	___	___
2. 그냥 '평균'이나 '보통' 정도로는 성이 안 찬다.	___	___
3. 일 때문에 다른 즐거운 일을 자주 포기한다.	___	___
4. 일을 하지 않을 때는 공허감과 불안감이 엄습해 온다.	___	___
5. 일을 하지 않은 채 하루가 가면 내 자신이 무가치한 인간으로 여겨진다.	___	___
6. 가족이 집안일을 돌보지 않는다고 불평한다.	___	___
7. 가족보다는 일이 우선이라고 생각한다.	___	___
8. 남에게 일을 맡기지 못하는 편이다.	___	___
9. 일하는 시간이 점점 늘어간다.	___	___
10. 일은 나의 보람에서 가장 큰 비중을 차지한다.	___	___
11. 일을 적게 하는 날은 나 자신을 용서할 수가 없다.	___	___

1) 사람의 가치는 능력과 성취에 따라 결정되지 않는다

현재 우리가 속한 사회에서는 개인의 가치와 사회적 지위가 외적인 성취와 업적에 따라 부분적으로 결정되는 듯 보이는 것이 사실이다. 그러나 그러한 사회적 가치관이 우리의 인생 전체를 지배하도록 허용할 수만은 없는 것 또한 사실이다.

한 가지 기억할 것은, 사람들은 많은 성취를 이루어낸 사람이라고 해서 무조건 사랑하지는 않는다는 것이다. 능력 있는 사람이라고 인정하고 부러워하며 먼발치에서 박수갈채를 보낼지는 몰라도, 그를 사랑하지는 않는다. 아이는 열심히 일만 하는 아버지를 일시적으로 존경할지 모르지만, 그러한 아버지를 진심으로 사랑하지는 않는다. 따라서 일과 성취가 인생의 전부인 사람은 일이 없어지면 고독과 외로움, 절망을 느끼게 될 것이다.

또한 사람의 가치는 '무언가를 통해서 주어지는' 것이 아니라 '그냥 주어진' 것이다. 나무와 풀은 그냥 거기에 있음으로 해서 가치 있는 것이고, 반려동물도 그 존재 자체가 가치로운 것이다.

갓난아이가 아무런 능력이 없고 해놓은 일이 없음에도 그냥 사랑스럽고 가치 있는 것처럼, 나는 나이기 때문에 그냥 가치가 있는 게 아니겠는가? 자신이 좋아하고 사랑하는 사람 중에는 능력도 없고 해놓은 일도 별로 없는 사람이 많음을 잘 알면서 왜 자신은 능력이 있어야만 사랑받을 수 있을 것이라고 생각하는가?

2) 인생의 다른 즐거움을 찾자

수우Sioux 족 인디언들 사이에는 다음과 같은 말이 있다고 한다. "사람이 죽고 난 후 처음으로 하는 말이 있다. 나는 왜 그렇게 진지하고 심각하게 살았던고?"

인생을 너무 진지하고 심각하게만 받아들이는 사람은 재미, 휴식, 유희, 기분 전환, 오락의 즐거움을 스스로에게 허락하지 않는다. 하루에 한 가지씩이라도 긴장에서 해방될 수 있는 활동을 시작해보자. 휴식과 유희는 즐거움을 가져다줄 뿐아니라 재창조의 원천이기도 하다. ◆

4. '해야만 한다' 는 사고 극복하기

강박적인 성격을 지닌 사람은 종종 무언가에 의해서 끊임없는 압력을 받으며, 쫓아오는 사람이 없는데도 마치 쫓기는 사람처럼 살아간다. 이들은 마치 누군가가 자신에게 절대 어겨서는 안 되는 명령이나 엄중한 요구라도 한 양 그것을 충족시키기 위해 고통스럽게 살아가는 것처럼 보인다. 그러나 정작 어느 누구도 그에게 이러한 속박을 가하는 사람은 없는 경우가 많다. 이는 단지 그가 스스로 자신을 향해 가하는 요구와 압력일 뿐이다.

강박적인 성격을 지닌 사람이 스스로에게 가하는 요구와 명령은 '해야만 한다should' 혹은 '해서는 안 된다should not' 는 생각으로 집약할 수 있다. 이들은 해야만 한다는 내적인 구속이 없이는 스스로가 불안한 사람이다. 일반적으로 해야만 한다는 생각은 도덕과 관련된 영역에서 많이 나타난다. '정직해야 한다' '다른 사람을 해쳐서는 안 된다' 등이 그 예다. 또한 이들은 도덕적인 가치와 관련이 없는 상황에서조차 절대적인 의무나 당위성을 지각하며 당위라는 짐을 스스로 짊어진다. 예를 들면, '진지한 상황에서는 절대로 웃어서는 안 된다' '어른 앞에서는 다리를 꼬아서는 안 된다' '우측으로만 통행해야 한다' '오늘 하기로 한 일은 어떠한 일이 있어도 반드시 오늘 끝내야 한다' '스스로와의 약속도 약속이니만큼 반드시 지켜야 한다' 등이 그 예가 될 수 있을 것이다. 또한 이들은 스스로를 속박하는 것에 그치지 않고 다른 사람들에게도 '해야만 한다'는 속박의 굴레를 씌우려 한다.

해야만 한다는 생각을 '항상 반드시' 지키기 위해서는 긴장, 불안, 걱정이라는 대가를 치러야 한다. 만일 지키지 못했을 경우에는 죄책감과 우울감이 뒤따를 것이다. 다른 사람들이 이렇게 저렇게 '해야 한다'고 기대하고 강요하는 것은 다른 사람들을 구속하고 통제하는 것과 다를 바 없다. 다른 사람들이 그 기대를 어길 경우에는 그에 대한 분노와 경멸감을 느낄 것이다. '어떻게 10분씩이나 늦을 수가 있어?' '도대체 어떻게 저런 식으로 차선 변경을 할 수 있는 거야? 저 사람 초등학교나 제대로 나온 사람 맞아?' 하고 말이다. 따라서 반드시 해야만 한다는 압박에서 벗어날 수 있다면 삶이 조금은 더 자유롭고 여유로워질 것이다. 그 방법에 대해서 함께 생각해보도록 하자.

1) 꼭 해야만 하는가? 안 하면 어떻게 되는가?

살다 보면 어떠한 순간일지라도 해야 할 일은 늘 많이 남아 있다. 하고 싶은 일을 하기보다는 해야만 하니까 하는 일을 하고 사는 것이 인생인 것처럼 느껴지기도 한다. 해야 할 일의 목록을 하나씩 하나씩 머릿속에서 지워가며 살다 보면 해야 할 일이 하나도 남아있지 않은 그 순간이 잠시 해방감을 맛보는 순간이다. 할 일을 다 마친 순간에서조차도 혹시 해야 할 일을 빠뜨리지 않았는지 기억 속을 샅샅이 훑어보는 것이 습관이 되다 보면 해방감조차 제대로 느껴보지 못하고 의무감과 책임감만이 삶의 유일한 동기가 될 것이다.

의무감으로 사는 삶은 자유롭지 못하다. 해야 하니까, 하지 않으면 안 되니까 하는 행동은 자유를 바탕으로 한 행동이 아니다. 해야만 한다는 생각에 구속된 행동일 뿐이다. 해야 하는 일에 밀려서 하고 싶은 일은 거의 하지 못하고 살다 보면 사는 게 재미없는 건 당연하다. 재미없는 삶은 우울증의 가장 중요한 특징이다.

회사에서 마쳐야 할 일을 다 마치지 못하고 집에 돌아오면 왠지 찝찝하다. 잠도 잘 오지 않는다. 아침 설거지가 쌓여 있으면 마음이 편치 않다. 설거지와 시댁 아침 문안 전화를 미뤄놓고 마시는 모닝커피에서는 좀처럼 여유와 향을 느낄 수 없다. 텔레비전을 보면서도 '내가 지금 이렇게 팔자 좋게 텔레비전을 봐도 되나? 혹시 해야 할 일을 안 한 건 없나?' 하는 생각이 고개를 들면 드라마에 몰입하기가 힘들어진다. '다림질은 해놓았나?' '세금고지서는 처리했나?' '아이가 빌려온 만화책은 제때 반납했나?' 해야 할 일이 많이 쌓여 있는 날이면 마음만 분주해질 뿐 어느 것부터 먼저 해야 할지 모르고 허둥대기만 한다. 마음은 쫓기고 손끝은 긴장으로 파르르 떨려오는데 어느 것 하나에도 차분히 집중하기가 어렵다.

신문을 보고 싶어서 보는 사람도 있지만 봐야 하니까 보는 사람도 의외로 많다. 이런 사람은 신문을 못 본 날이면 왠지 찝찝하고 불안하다. 이 세상 살아가자면 정치도 '알아야 하고' 경제도 '알아야 한다'는 생각으로 재미없는 정치면과 경제면을 의무감에 펼쳐든다. 안 보면 안 되니까 보는 행동은 자유롭지 못한 행동이다. 자유로운 행동이란 봐도 되고 안 봐도 되는데 보고 싶으니까 혹은 보는 게 더 좋으니까 보는 것이 아닐까?

재미있어서 시작한 행동이 곧바로 의무가 되어버리기도 한다. 좋아서 시작한 새벽운동이 어느새 빠뜨리면 안 되는 의무가 되어버려서 안 하면 왠지 불안해진다. 처음에는 좋아서 만든 사교 모임에 '빠지면 안 된다'는 규칙이 도입되고 나면 사교 모임은 이제 더 이상 여가활동이 아니라 일이 되고 만다. 공부나 독서, 모임, 취미, 여가생활, 부조나 구제헌금 역시 다 의무로 바뀌어버린다. 이러한 삶의 태도가 극단적으로 치달으면 잠도 '자야 하는 일'이 되고 숨도 '쉬어야 하는 일'이 되어버린다.

해야 한다는 의무에 허덕이는 사람이 스스로 생각해볼 질문이 있다. '정말 꼭 해야 하는가? 안 하면 과연 무슨 일이 벌어지는가?' 새벽운동을 하루 쉬면 과연 무슨 일이 벌어질까? 만화책을 제때 반납하지 못하면 과연 무슨 일이 벌어질까? 제 날짜에 반납하지 못하면 그냥 다음날 벌금 500원을 물면 되는 것인데도 뭔가 규칙을 어겼다는 죄책감에 마음이 편치 않게 된다.

앞서 소개한 것처럼, 강박행동 증상을 치료하는 방법 중에 반응 예방이라는 것이 있다. 이것은 손 씻기나 가스 불 확인하기 같은 강박행동을 해야 불편감이 사라질 것 같은 상황에서 강박행동을 하지 않고 그런 불편감을 지닌 채로 버텨보도록 하는 방법이다. 반응 예방을 연습하다 보면 시간이 지날수록 점차 불편감은 사라지고 강박행동을 하지 않은 채 그 상황을 넘길 수 있게 된다. 이 방법은 '해야만 한다'는 생각에 밀려 어쩔 수 없이 특정한 행동을 취하려고 하는 상황에서도 그대로 적용될 수 있다.

가령, '만화책을 반납해야 한다'는 생각이 들 때 바로 가져 다주지 말고 다른 아무런 행동도 하지 않은 채 가만히 앉아서 버텨보라. 불편감이 사라질 때까지 30분이고 1시간이고 버텨 보라. 얼마 지나지 않아 불편감이 점차 사라지는 것을 체험하 게 될 것이다. 만화책을 반납하지 않고 버티고 있는 사이에 '제때 반납하지 않아도 큰일이 나는 것은 아니다'라는 현실적 인 생각이 '제때 반납하지 않으면 큰일이 날지도 모른다'는 비 현실적인 생각과 싸워서 결국 이기는 일이 벌어질 수도 있다.

'일단 읽기 시작한 신문은 끝까지 다 읽어야 한다'는 국적 을 알 수 없는 법률(?)에 스스로 매여서 시달리는 한 대학생 내 담자가 있었다. 그는 한편으로 신문을 펼치기가 두려웠지만 '신문은 매일 읽어야 한다'는 또 다른 규칙 때문에 신문을 안 볼 수도 없었다. 그는 반응 예방 기법을 실천해보기로 하였다. 신문을 읽다가 도중에 중단한 채 그냥 버텨보기로 한 것이다. 그는 다음 상담시간에 와서 다음과 같이 보고하였다. "그냥 무작정 버텼어요. 그런데 점차 어떤 희열 같은 것이 내 속에서 올라오기 시작했어요. 평생 처음으로 어머니를 이겼다는 그런 느낌 같은 것이었어요."

신문을 끝까지 다 안 읽어도 된다는 생각과 함께 예기치 않 게 그에게 떠오른 또 다른 생각은 어머니를 극복했다는 생각이었다. 그의 어머니는 어린 그에게 늘 신문 읽기를 강요했다. 그가 신문을 읽고 나면 제대로 읽었는지를 확인하기 위해서 문제를 내기도 하였다. 만일 시험을 통과하지 못하면 그는 또 다시 신문 읽기를 반복해야 했다. 어머니는 이제 그의 가까이에 계시지 않았다. 다만 자기 자신 속에서 해야만 한다는 생각이 자리 잡고 있었던 것이다. 그가 극복한 어머니는 다름 아닌 '해야만 한다'는 생각이었다.

2) '해야만 한다' 대 '하는 게 좋다'

해야만 한다는 생각을 극복하자는 말이 그러한 생각의 내용이 잘못되었기 때문이라는 말로 들리는가? 만일 그렇게 들린다면 이는 분명한 오해다. 해야 한다는 생각의 내용은 올바른 경우가 더 많다. 문제는 생각의 형식에 있다. 경직되고 극단적이며 절대적인 형식으로 인해 융통성과 탄력을 잃는 것이 문제다. 가령, '절대로 지각해서는 안 된다'는 생각의 내용이 그릇된 것인가? 이러한 생각을 극복하자는 말이 '우리 이제부터 열심히 지각하자'는 말인가? 물론 아닐 것이다.

'아침운동을 반드시 해야 한다'는 생각을 '아침운동을 하는 게 더 좋다'로 바꿔보자. 또한 '절대로 지각해서는 안 된다'는 생각을 '가급적이면 지각하지 않도록 최선을 다하는 게 좋다'로 바꿔보자. 물론 그 뒤에 생략된 말이 있다면, 우리가 인간이기에 부득이한 경우 아침운동을 못할 수도 있고 지각할 수도 있다는 말일 것이다. 이러한 식으로 우리의 생각을 바꿀 때 우리는 아파서 아침운동을 쉬는 자신을 용서할 수 있고, 도로 사정으로 지각할 수밖에 없는 차 안에서 자신의 불안을 다스릴 수 있을 것이다.

그런데 혹자는 이렇게 반문할 것이다. 인간이란 그런 식으로 자신을 풀어놓기 시작하면 한도 끝도 없이 풀어져서 결국 아무런 의무도 행하지 않으려 할 것이라는 반론이다. 그러나 그러한 반론도 사실과 다르다. 가령, '모임에 참석해야 한다'는 생각이 '참석하는 게 좋지만, 부득이한 경우 참석하지 못할 수도 있다'로 바뀌면 마음의 여유가 생긴다. 모임에 가지 않는 것에 자유가 생긴다. 자유롭게 참석하는 모임은 즐겁다. 즐거운 모임은 더 열심히 참석하고 싶은 법이다.

특정한 행동에 대한 의무감이 줄어들면 오히려 그 행동이 더 늘어날 수도 있다는 것이 결코 역설인 것만은 아니다. 진정한 준법이란 그 법의 의미와 정신을 이해하고 마음속에서 우러나와 자율적으로 그 법을 따르는 것이다. ◆

참고문헌

권석만(2004). 젊은이를 위한 인간관계의 심리학(개정증보판). 서울: 학지사.

민병배, 유성진 공역(2008). 성격장애의 인지치료[*Cognitive therapy of personality disorders*]. (A. T. Beck, A. Freeman, & D. D. Davis 공저). 서울: 학지사. (원저는 2004년에 출판).

원호택, 박현순, 신경진, 이훈진, 조용래, 신현균, 김은정 공역(1996). 우울증의 인지치료[*Cognitive therapy of depression*]. (A. T. Beck, A. J. Rush, B. F. Shaw, & G. Emery 공저). 서울: 학지사. (원저는 1979년에 출판).

이정태, 채영래 역(2008). 역동정신의학(제4판)[*Psychodynamic psychiatry*]. (G. O. Gabbard 저). 서울: 하나의학사. (원저는 2007년에 출판).

Abraham, K. (1927). Contributions to the theory of the anal character (D. Bryan & A. Strachey, Trans.). In E. Jones (Ed.), *Selected papers of Karl Abraham*. London: Hogarth Press.

Adams, P. (1973). *Obsessive children: A sociopsychiatric study*. New York: Brunner/Mazel.

American Psychiatric Association. (1994). *Diagnostic and statistical manual of mental disorders* (4th ed.). Washington, DC: Author.

American Psychiatric Association. (2013). *Diagnostic and statistical manual of mental disorders* (5th ed.). Washington, DC: Author.

Beck, A. T., Freeman, A., & Davis, D. D. (2004). *Cognitive therapy of personality disorders* (2nd ed.). New York: Guilford.

Benjamin, L. S. (1996). *Interpersonal diagnosis and treatment of personality disorders* (2nd ed.). New York: Guilford.

Bernstein, D. P., Cohen, P., Velez, C. N., Schwab-Stone, M., Siever, L. J., & Shinsato, L. (1993). Prevalence and stability of the DSM-III-R personality disorders in a community-based survey of adolescents. *American Journal of Psychiatry, 150*, 1237-1243.

Bourne, E. J. (1995). *The anxiety and phobia workbook.* Oakland, CA: New Harbinger Publications.

Chabrol, H., Chouicha, K., Montovany, A., Callahan, S., Duconge, E., & Sztulman, H. (2002). Personality disorders in a nonclinical sample of adolescents. *L' Encéphale, 28*, 520-524.

Coid, J., Yang, M., Tyrer, P., Roberts, A., & Ullrich, S. (2006). Prevalence and correlates of personality disorder in Great Britain. *British Journal of Psychiatry, 188*, 423-431.

Devanand, D. P., Turret, N., Moody, B. J., Fitzsimons, L., Peyser, S., & Mickle, K. (2000). Personality disorders in elderly patients with dysthymic disorder. *American Journal of Geriatric Psychiatry, 8*, 188-195.

Freeman, A., Pretzer, J., Fleming, B., & Simon, K. M. (1990). *Clinical applications of cognitive therapy.* New York: Plenum Press.

Freud, S. (1908, 1963) Character and anal eroticism. In P. Reiff (Ed.),

Collected papers of Sigmund Freud (Vol. 10). New York: Collier.

Fromm E. P. (1976). *To Have or to Be: The Nature of the Psyche.*

Grant, J. E., Mooney, M. E., & Kushner, M. G. (2012). Prevalence, correlates, and comorbidity of DMS-IV obsessive-compulsive personality disorder: Results from the National Epidemiologic Survey on Alcohol and Related Conditions. *Journal of Psychiatric Research, 46*, 469-475.

Grilo, C. M., Sanislow, C. A., Gunderson, J. G., Pagano, M. E., Yen, S., & Zanarini, M. C. (2004). Two-year stability and change of schizotypal, borderline, avoidant, and obsessive-compulsive personality disorders. *Journal of Consulting and Clinical Psychology, 72*, 767-775.

Grilo, C. M., Skodol, A. E., Gunderson, J. G., Sanislow, C. A., Stout, R. L., & Shea, M. T. (2004). Longitudinal diagnostic efficiency of DSM-IV criteria for obsessive-compulsive personality disorder: a 2-year prospective study. *Acta Psychiatrica Scandinavica, 110*, 64-68.

Klein, P. (1968). Obsessional traits, obsessional symptoms and anal eroticism. *British Journal of Medical Psychology, 41*, 299-305.

Lewinsohn, P. M., Rohde, P., Seeley, J. R., & Klein, D. N. (1997). Axis II psychopathology as a function of Axis I disorders in childhood and adolescence. *Journal of the American Academy of Child and Adolescent Psychiatry, 36*, 1752-1759.

MacKinnon, R. A., & Michels, R. (1971). *The psychiatric interview in clinical practice*. Philadelphia, PA: W. B. Saunders Company.

Millon, T., & Davis, R. D. (1996). *Disorders of personality: DSM-IV and beyond*. New York: John Wiley & Sons.

Millon, T., & Everly, G. S. (1985). *Personality and its disorders: A biosocial learning approach*. New York: John Willey & Sons.

Oldham, J. M., & Morris, L. B. (1995). *New personality self-portrait*. New York: Bantam Books.

Pinto, A., Eisen, J. L., Mancebo, M. C., & Rasmussen, S. A. (2008), Obsessive-Compulsive Personality Disorder. In J. S. Abramowtiz, D. McKay, & S. Taylor (Eds.), *Obsessive-Compulsive Disorder: Subtypes and Spectrum Conditions*. Elsevier.

Rado, S. (1974). Obsessive behavior. In S. Arieti & E. B. Brody (Eds.), *American Handbook of Psychiatry* (2nd ed., Vol. 3) New York: Basic Books.

Salzman, L. (1973). *The obsessive personality*. New York: Jason Aronson.

Shapiro, D. (1965). *Neurotic styles*. New York: Basic Books.

Shea, M. T., Stout, R., Gunderson, J., Morey, L. C., Grilo, C., & McGlashan, T. (2002). Short-term diagnostic stability of schizotypical, borderline, avoidant, and obsessive-compulsive personality disorders. *American Journal of Psychiatry, 159*, 2036-2041.

Sullivan, H. S. (1956). *Clinical studies in psychiatry*. New York: Norton.

Torgersen, S., Kringlen, E., & Cramer, V. (2001). The prevalence of personality disorders in a community sample. *Archives of General Psychiatry, 58,* 590-596.

Ullrich, S., & Coid, J. (2009). The age distributions of self-reported personality disorder traits in a household population. *Journal of Personality Disorder, 23,* 187-200.

찾아보기

《인 명》

Abraham, K. 95

Beck, A. T. 98
Benjamin, L. S. 103

Freud, S. 94
Fromm, E. P. 81

MacKinnon, R. A. 39

Millon, T. 39, 65, 105
Morris, L. B. 67

Oldham, J. M. 67

Rado, S. 96

Shapiro, D. 45, 96
Sullivan, H. S. 103

《내 용》

DSM-5 15, 85
Neurotic Style 45

감정 이끌어내기 118
강박성 성격장애의 진단기준 22
경직성 42
공감 122
과도한 통제 욕구 45

과잉통제 105, 106
과정 지향적 태도 147
관료주의적 강박 성격 76

반응 예방 145, 163

성격 13
성격장애 14

◎ 저자 소개

민병배 (Min, Byoungbae)

서울대학교 심리학과를 졸업하고 동 대학원에서 임상심리학 전공으로 박사학위를 받았다. 서울대학교병원에서 임상심리연수원 과정을 수료하였고, 임상심리전문가 자격과 정신보건임상심리사(1급) 자격을 취득하였다. 한국임상심리학회 회장과 한국인지행동치료학회 회장을 역임한 바 있고, 1993년부터 현재까지 마음사랑인지행동치료센터에서 심리치료자로 일하고 있으며, 현재 용문상담심리대학원대학교 총장으로 재직하고 있다. 주요 저·역서로는 『노년기 정신장애』(공저), 『의존성 성격장애와 회피성 성격장애』(공저), 『한국판 기질 및 성격검사 매뉴얼-성인용, 청소년용, 아동용, 유아용』(공저), 『성격장애의 인지치료』(공역), 『마음에서 빠져나와 삶 속으로 들어가라』(공역) 등이 있다.

이한주 (Lee Hanjoo)

서울대학교 심리학과를 졸업하고 동 대학원에서 임상심리학 전공으로 석사학위를 받았다. 서울대학교병원에서 임상심리연수원 과정을 수료하였고, 임상심리전문가 자격과 정신보건임상심리사(1급) 자격을 취득하였다. 미국 텍사스 주립대학교(University of Texas at Austin)에서 임상심리학 전공으로 박사학위를 받았으며, 현재는 미국 위스콘신 주 밀워키에 소재한 위스콘신 주립대학교(University of Wisconsin-Milwaukee)의 심리학과 조교수로 재직 중이다. 주요 저·역서로는 『사례로 읽는 임상심리학』(공저), 『정신분석적 심리치료』(공역) 등이 있으며, 이밖에도 강박장애를 비롯하여 불안장애를 다룬 여러 연구 논문을 발표하였다.

ABNORMAL PSYCHOLOGY 23

강박성 성격장애 순응 뒤에 감추어진 분노

Paranoid Personality Disorder

2016년 3월 30일 2판 1쇄 발행
2024년 1월 25일 2판 4쇄 발행

지은이 • 민병배 · 이한주
펴낸이 • 김 진 환
펴낸곳 • ㈜ **학지사**

04031 서울특별시 마포구 양화로 15길 20 마인드월드빌딩 5층

대표전화 • 02) 330-5114   팩스 • 02) 324-2345

등록번호 • 제313-2006-000265호

홈페이지 • http://www.hakjisa.co.kr
인스타그램 • https://www.instagram.com/hakjisabook/

ISBN 978-89-997-1023-0 94180
ISBN 978-89-997-1000-1 (set)

정가 9,500원

출판미디어기업 **학지사**

간호보건의학출판 **학지사메디컬** www.hakjisamd.co.kr
심리검사연구소 **인싸이트** www.inpsyt.co.kr
학술논문서비스 **뉴논문** www.newnonmun.com
원격교육연수원 **카운피아** www.counpia.com